Ilse Kleberger
Bertha von Suttner
Die Vision vom Frieden

Die Autorin:

Ilse Kleberger wurde 1921 in Potsdam geboren. Ihren ursprünglichen Plan, Journalistin zu werden, gab sie nach dem Abitur 1939 wegen der damaligen politischen Umstände auf. Statt dessen studierte sie Medizin, promovierte und arbeitete viele Jahre als praktische Ärztin in Berlin. Seit 1977 widmet sich Ilse Kleberger ganz der Schriftstellerei. Neben Kinder- und Jugendbüchern entstanden Bücher über den Berliner Humor sowie Biographien über Adolph Menzel, Käthe Kollwitz und Ernst Barlach. Am erfolgreichsten aber sind ihre ›Oma‹-Bände, die in der ganzen Welt gelesen werden.

Ilse Kleberger

Bertha von Suttner

Die Vision vom Frieden

Mit zahlreichen
Abbildungen

Deutscher Taschenbuch Verlag

Titel der Originalausgabe: ›Die Vision vom Frieden – Bertha von Suttner‹

Weitere Titel der Biographie-Reihe für Jugendliche und Erwachsene:
Ilse Kleberger, Adolph Menzel. Preuße, Bürger und Genie, Band 7945
Ilse Kleberger, Käthe Kollwitz. »Eine Gabe ist eine Aufgabe«, Band 79020
Ilse Kleberger, Ernst Barlach. Der Wanderer im Wind, Band 79007
Karla Höcker, Das Leben des Wolfgang Amadé Mozart, Band 79011
Karla Höcker, Franz Schubert in seiner Welt, Band 79019
Karla Höcker, Clara Schumann, Band 79015
Karla Höcker, Johannes Brahms. Begegnung mit dem Menschen, Band 79006
Lisa Heiss, Wider die Tyrannen! Schillers Jugend, Band 79022
Frederik Hetmann, Bettina und Achim, Band 79012

Ungekürzte Ausgabe
Juli 1988
Deutscher Taschenbuch Verlag GmbH & Co. KG, München
© 1985 Erika Klopp Verlag GmbH, Berlin · München
ISBN 3-7817-7112-1
Umschlaggestaltung: Irmgard Voigt unter Verwendung eines Fotos
aus dem Archiv für Kunst und Geschichte, Berlin
Gesamtherstellung: Kösel, Kempten
Printed in Germany · ISBN 3-423-79026-1

Tretet zusammen, ihr Völker, entwerft die Ordnung der neuen Welt, verlaßt die Nationen, die Kriegermäntel werft ab, tretet zusammen, ihr Völker, zeigt euch die offenen Hände, das neue Jahrhundert erwartet von uns endlich den neuen Schritt der Menschheit.

Günther Weisenborn

Bertha von Suttners Geschichte ist die einer Emanzipation. Aus der typischen Vertreterin ihrer Zeit und Kaste, die bestehende Gesellschaftsformen bewahren wollte, wurde sie zu einer Verkünderin neuer, fast entgegengesetzter Ideen.

1
Herkunft und Kindheit.
Die Träume
der Komtesse Kinsky

Am 9. Juni 1843 wurde Bertha Sophia Felicita Gräfin Kinsky von Chinic und Tettau in Prag geboren. Sie gehörte zu der Schicht des österreichischen Adels, der in dem aus alten Erblanden zusammengewachsenen Vielvölkerstaat eine führende Rolle spielte. Seit dem Wiener Kongreß nahm Österreich in Europa eine Spitzenstellung ein. Die Monarchie schien gefestigt. Durch ein hartes Polizeiregime und strenge Zensur wurden liberale und demokratische Ideen unterdrückt, die oft unruhigen nichtdeutschen Völker des Landes, die Tschechen, Kroaten, Ungarn, Polen und Italiener, gebändigt. Auch die Aufstände nach der Revolution von 1848 schlugen die kaiserlichen Truppen nieder. Die Rädelsführer wurden erschossen. Zwar waren als Folge der Revolution einige demokratische Ziele erreicht worden (zum Beispiel hob das Parlament das bis dahin bestehende bäuerliche Untertänigkeitsverhältnis, eine Art Leibeigenschaft, und die Zwangsabgaben auf), doch kam es bald wieder zu einem Sieg der Reaktion, wodurch weitere Reformen verhindert wurden.

In dieser Gesellschaft spielte der Adel eine wichtige Rolle. Treu stand er zum Kaiserhaus. Der seit 1835 regierende Kaiser Ferdinand I. war allerdings geistig nicht voll zurechnungsfähig. Die Staatsgeschäfte wurden von einer »geheimen Staatskonferenz« unter Fürst Metternich geleitet. Doch der Kaiser galt als Symbol und trug die Monarchie weiter, die dem Adel ihre Daseinsberechtigung gab. Schließlich dankte 1848 Ferdinand zugunsten seines Neffen Franz Joseph I. ab.

Berthas väterliches Geschlecht, die Familie Kinsky von Chinic Tettau, stammte aus dem böhmischen Hochadel und war bis zum 12. Jahrhundert nachweisbar. Die Kinskys hatten stets höchste Ämter am Hofe der Habsburger besetzt. Der Großvater, Ferdinand Graf Kinsky, war Kämmerer und Landesoberhofmeister, Berthas Vater, Franz Joseph Kinsky, kaiserlich-königlicher Kämmerer und Feldmarschall-Leutnant. Auch dessen beide Brüder waren hohe Offiziere. Berthas Mutter stammte aus niedrigerem Adel. Sie war eine geborene Körner und mit dem Dichter Theodor Körner verwandt.

Kurz vor Berthas Geburt war ihr Vater mit sechsundsiebzig Jahren gestorben. Die Mutter war erst achtundzwanzig Jahre alt. Sie hatte Sängerin werden wollen, sich dann aber entschlossen, den achtundvierzig Jahre älteren Grafen Kinsky zu heiraten. Sicher spielte für die ehrgeizige junge Frau die hohe Stellung des Ehemannes dabei eine Rolle. Doch klagte sie später oft darüber, daß sie dadurch ihre eigentliche Berufung nicht hätte erfüllen können. 1837 wurde ihr Sohn Arthur geboren, 1843, nach dem Tode ihres Mannes, die Tochter. Den Schmerz über den Verlust des Gatten verwand sie schnell. Sie war lebenshungrig und wollte in der großen Gesellschaft Fuß fassen. Das war der Hauptzweck ihres Daseins, für den sie auch ihre künstlerische Begabung nutzte. Sie sang gern vor Publikum und verfaßte gefühlvolle Gedichte, von denen sie ein Bändchen unter dem Namen Gräfin Kinsky-Körner herausgab.

Die Witwe siedelte bald in die mährische Hauptstadt Brünn über, wo Bertha ihre erste Kindheit erlebte. Das Mädchen betete die schöne, elegante Mutter an und konnte es kaum ertragen, wenn diese einmal ein paar Tage verreiste. Sie lauschte andächtig, wenn die Mutter auf Gesellschaften in großer Toilette am Flügel stand und sang und verging fast vor Wonne bei dem Lied:»Du hast Diamanten und Perlen...«

Bertha war das Lieblingskind der Mutter. Mit Arthur, einem seltsamen, eigenbrötlerischen Jungen, konnte sie nicht viel anfangen. Die Tochter dagegen war schön, anmutig und liebenswürdig. Auch sollte ihr das Mädchen zu einem begehrten Ziel verhelfen, das sie nicht allein erreichen konnte: Sie wünschte brennend, zum Hochadel zu gehören, also hoffähig zu sein. Das war aber nur bei einer bestimmten Geburtskonstellation möglich. Man mußte eine lange adelige Ahnenreihe nachweisen. Die Körners waren von jungem, niedrigem Adel. Die ehrgeizige Frau litt darunter, doch hoffte sie, daß die aus dem Hochadel stammende Kinskytochter ihr die Pforten öffnen würde. Sie erregte in Bertha früh den Wunsch, dieser Welt anzugehören. Schönheit, Gepflegtheit, Eleganz und Charme schienen Stufen auf der Leiter dorthin zu sein. Berthas ästhetischem Bedürfnis und ihrem aufgeschlossenen, kontaktfreudigen Wesen kam das entgegen. Sie gefiel gern und gab sich Mühe zu gefallen.

Neben der Mutter hatte ihr Vormund in diesen Jahren einen entscheidenden Einfluß auf Bertha. Friedrich Landgraf zu Fürstenberg, ein Freund des Vaters, war General und Feldzeugmeister, später Kapitän von verdienten invaliden Offizieren der Palastwache des österreichischen Kaisers; eine sehr hohe Stellung bei Hofe. Bei Berthas Geburt war er schon über fünfzig Jahre alt. Er nahm die Aufgabe, für sein Mündel zu sorgen, ernst. Regelmäßig zweimal in der Woche besuchte er Bertha und ihre Mutter. Da er selber keine Kinder hatte, wurde das Mädchen für ihn ein Tochterersatz, und sie »betrachtete ihn als höheres Wesen«. Sie war stolz auf sein hohes Amt und darauf, daß sie ihn »du« und »Fritzerl« nennen durfte. Zärtlich und leidenschaftlich, wie sie war, kletterte sie ihm bei seinen Besuchen auf den Schoß, umarmte, küßte ihn und zupfte an seinem Bart. Oft steckten in seinen Taschen Geschenke für sie, besonders begehrt, wenn es Bonbons von den Hoffesten waren, die den Nimbus hatten, aus einer ersehnten Märchenwelt zu stammen.

Graf Fürstenberg besprach mit der Mutter Berthas gesundheitlichen Zustand, kümmerte sich um ihre Ausbildung und Erziehung. Ein bezeichnendes Erlebnis schildert Bertha von Suttner in ihren Memoiren: Sie war etwa drei Jahre alt. Zusammen mit der Mutter und »Fritzerl« war ein Ausflug zum Kaffeetrinken im Brünner Wald geplant. Bertha liebte es, neben dem schönen, stattlichen Offizier dahinzutrippeln. Diesmal hatte sie sich dafür besonders hübsch gemacht, trug ein neues, weißes Kleid mit roten Paspeln und einem Ausschnitt, den sie selber, in Anlehnung an die Toiletten der Mutter, ein »Décolleté« nannte. Bertha liebte ihr ganzes Leben lang schöne Kleider. Noch im Alter konnte sie Kleider aus ihrer Jugend genau beschreiben. Diesmal aber sollte sie das hübsche Kleidchen sofort wieder ausziehen, weil sich dunkle Wolken am Himmel bildeten und das »gute Neue« nicht durch einen Regenschauer verdorben werden sollte. Die Mama befahl der Kammerzofe: »Zieh der Komteß ein altes Kleid an!« Doch Bertha weigerte sich. Man redete ihr gut zu, aber sie fing an zu weinen, wurde schließlich heftig, stampfte mit den Füßen auf. Jetzt glaubte der Fürst, seine Erziehungsautorität gebrauchen zu müssen. Er empfahl der

Mama, das Kind mit dem Gesicht nach unten auf den Tisch zu legen, hob selbst das Röckchen, und die Mutter verabreichte Bertha die ersten Schläge. Sicher schlug sie nicht hart zu. Schlimmer als der Schmerz war die Kränkung von Berthas Ehre, zumal sie auch noch »ins Winkerl« mit dem Gesicht zur Wand gestellt wurde und um Verzeihung bitten sollte. »... die so tief beleidigte auch noch um Verzeihung bitten! Aber ich tat's, ich war zwar unglücklich, tief unglücklich, aber gebändigt.« Ihr Stolz war verletzt, und doch glaubte sie schließlich, die Berechtigung dieser Strafe einzusehen. Zucht und Disziplin gehörten in dieser durch das Militär geprägten Welt zu selbstverständlichen pädagogischen Forderungen. Auch war Bertha da, wo sie liebte, nicht fähig zur Kritik. Das sollte sich nie ändern. In ihren Memoiren wird »Fritzerl« stets liebevoll geschildert, obgleich er der Vertreter einer Lebensform war, die sie später scharf kritisierte.

Dem überzeugten Militaristen erschien das österreichische Kaiserreich als der Mittelpunkt der Welt, besonders aber die »Société«, wie er die Gruppe um den Kaiser nannte. Er war in sie hineingeboren und gehörte ihr mit allen Fasern seines Wesens an. Dieser Standesdünkel erlegte ihm ein bitteres Opfer auf: Er liebte die Witwe eines Aristokraten, die aber von ihrer Geburt her nicht hoffähig war. Seine »korrekte« Natur verbot ihm, sich über diese Schranken hinwegzusetzen. Er konnte seiner Familie nicht ein solches »Ärgernis« bereiten. Wichtiger als alles andere schien es ihm zu sein, den höfischen Glanz der Monarchie zu erhalten und notfalls dafür zu kämpfen. »Der Ruhm der österreichischen Armee war in seinen Augen einer der schönsten Bestandteile der allgemeinen Weltordnung«, schrieb Bertha später.

Bertha wurde in dem Bewußtsein erzogen, daß sie durch ihre Geburt gewisse Vorteile, aber auch Verpflichtungen habe. Sie würde eines Tages einem tapferen Mann angehören, der diese schöne, heitere privilegierte Welt mit erhielt. Schon früh mußte sie sich darauf vorbereiten, »weibliche Tugenden« wie Liebenswürdigkeit und Anpassung zu üben. Ein gepflegtes Äußeres und eine möglichst vielseitige Bildung gehörten dazu. Sie führte kein altersgemäßes Leben, spielte nicht mit Puppen, tobte nicht mit Gleichaltrigen herum. Selten beschreibt sie in ihren Memoiren kindliche Erlebnisse, einmal die Freude beim Aufsammeln von Kastanien und die naive

Lust am Chaos des Hausputzes. Da keine Spielkameraden vorhanden waren, konzentrierte sie sich ganz auf die Welt der Erwachsenen, in die sie so früh wie möglich aufgenommen werden wollte. Es war für sie nicht standesgemäß, eine öffentliche Schule zu besuchen. Englische und französische Erzieherinnen wechselten sich ab, lehrten sie die beiden Sprachen und gaben Klavierunterricht. Schon in jungen Jahren las sie viel. Es war recht unkindliche Literatur, so die *Geschichte Frankreichs* von Abbé Fleury, Schiller, Victor Hugo und Bücher über Physik. Eher kindgemäß war *Onkel Toms Hütte* von Harriet Beecher-Stowe, ein Buch, das sie natürlich im Original las. Diese Geschichte der Sklaverei in Amerika verglich Tolstoj viele Jahre später mit ihrem eigenen großen Roman *Die Waffen nieder!.*

Bertha war fleißig, doch, wie sie später zugab, hauptsächlich, um in Salons eine gewandte Konversation führen zu können und dadurch in der Gesellschaft eine Rolle zu spielen. Sie ahnte nicht, daß ihre vorzüglichen Sprachkenntnisse ihr einmal zu viel wesentlicheren Zwecken dienen sollten. Es war nicht nur Zweckeifer, wenn sie las. Ihr geistiger Hunger war größer als der von jungen Adeligen ihres Alters. Durch Literatur wollte sie mehr erleben und erfahren. Mit großem Vergnügen blätterte sie im Lexikon und fand dort vieles, was sie interessierte. Doch mit zehn Jahren war sie hauptsächlich von der Idee besessen, sich als junges Mädchen einen Märchenprinzen zu erobern. Dafür wollte sie sich rüsten. Er sollte sich nicht mit ihr langweilen. Sie steckte ihr Ziel sehr hoch und verliebte sich heftig in den jungen Kaiser Franz Joseph. Es schien ihr gar nicht ausgeschlossen, daß dieser sie mit sechzehn Jahren entdecken und heiraten würde. Doch gab sie diesen Traum ohne große Leiden auf, als sich der Kaiser ein Jahr später mit Elisabeth von Bayern verlobte. In dem verstiegenen Mädchen zeigte sich schon jetzt ein Sinn für die Realitäten des Lebens. Sie redete sich ein, der königlichen Braut ähnlich zu sehen, verschaffte sich Bilder von »Sissi« und kopierte ihre Frisuren. Rasch war eine neue platonische Liebe zur Hand, ein Sänger, den sie bei ihrem ersten Opernbesuch sah und hörte.

Vorbilder für ihre Lebenserwartung waren junge Verwandte, Christian Graf Kinsky und seine Frau. Das schöne, fröhliche Paar lebte in einem türmereichen Märchenschloß, das alt, würdig und breit auf einem Berg lag und von einem Park umgeben war. Hier fand Bertha im Gartenpavillon auf einem Tisch bunt gefärbte Scherben. Wenn sie durch die Gläser hindurchschaute und die Welt je nach Laune in eine blaue, gelbe oder grüne verwandelte, vergaß sie für kurze Zeit ihre Erwachsenenträume.

Als sie zwölf Jahre alt war, befreundete sie sich das erste Mal mit einem gleichaltrigen Kind, ihrer Cousine Elvira, der Tochter der Schwester ihrer Mutter. Die Mädchen hatten sich bis dahin kaum gesehen, weil die Familien stets entfernt voneinander gewohnt hatten. Jetzt, nachdem »Tante Lotti«, Elviras Mutter, auch Witwe geworden war, suchte diese den Kontakt mit der Schwester. Die beiden Cousinen liebten sich sofort.

Elviras Vater war ein wohlhabender »Privatier« gewesen, in seine große Bibliothek vergraben, der seine kleine Tochter – ähnlich wie es Bertha geschah – schon früh in die Erwachsenenwelt einführte. Nur war es nicht die modisch-elegante oberflächliche Welt der Gesellschaft, sondern die der Literatur. Er ließ das Kind philosophische Bücher lesen und unterhielt sich stundenlang mit der Zehnjährigen über Hegel, Fichte und Kant. »Zur Erholung« gab er ihr Shakespeare, Uhland, Körner und Hölderlin in die Hand. Seit ihrem achten Lebensjahr schrieb und dichtete Elvira, verfaßte Lyrik, Prosa und Dramen. Bertha, der alle Menschen, die sie liebte, außergewöhnlich zu sein schienen, glaubte fest, daß Elvira einmal eine berühmte Dichterin werden würde. Tatsächlich war das begabte Kind auf diesem Gebiet vielversprechend. Ihre kindlichen Schreibversuche schickte sie selbstbewußt an berühmte Schriftsteller wie Franz Grillparzer und Marie von Ebner-Eschenbach. Beide fanden die Anfängerwerke beachtenswert und besuchten das kluge Mädchen. Marie von Ebner-Eschenbach führte noch längere Zeit einen Briefwechsel mit ihr. Ein wenig schmerzlich für Elvira war es wohl, daß die Dichterin in jedem Brief die »schöne Komteß Kinsky« grüßen ließ, die bei dem Treffen dabeigewesen war. Denn schön war Elvira nicht, eher ein wenig blaß und unansehnlich, »ein Blaustrümpfchen«, wie Bertha sie nannte. Elvira bewunderte neidlos die so viel hübschere Cousine.

Wenn Bertha in den Spiegel schaute, stellte sie mit großem Vergnügen fest, wie attraktiv sie war mit dem brünetten Gesicht, der geraden Nase, dem vollen Mund, dem vielleicht etwas zu willensstarken Kinn und den schönen, großen, ausdrucksvollen Augen. Einen Wust von dunklen Haaren versuchte sie in immer wieder anderen Frisuren zu bändigen. Sie übte eine edle Haltung und anmutige Bewegungen, ein graziöses Spiel der Hände und einen stolzen Gang. Bertha war eitel und überzeugt, daß sie bestimmt kein »Mauerblümchen« sein würde. Elvira stimmte ihr neidlos und bewundernd zu. Die Mädchen erfanden ein seltsames Spiel, dessen einzelne Phasen sich oft über Wochen, ja Monate erstreckten. Stets war Bertha dabei sie selber in verschiedenen Lebensaltern, in denen sie immer neue Liebeserlebnisse hatte. Elvira stellte die wechselnden Liebhaber dar. Wenn eines der beiden Mädchen das Wort »Puff« sagte, begann das Spiel – ganz gleich, wo sie sich gerade befanden. Sie wurden sofort zu den werbenden, erhörenden oder abwehrenden Personen. Augenblitze wurden getauscht, zärtliche Briefchen überreicht, neckische Flirts fanden statt. Bertha meinte später, es habe sich hier um eine Übung für die Eroberung von Männern gehandelt. Doch war sicher auch eine in diesem Alter häufige homoerotische Neigung im Spiel. »... denn wir fühlten wirklich dabei: erwachendes Interesse aneinander, keimende Neigung und gewöhnlich zum Schluß erglühende Liebe...« Doch brachte es Elvira nicht fertig, ständig die Dienende, Werbende zu sein. Meist sagte sie mitten im Spiel »Paff!«, worauf man in die Realität zurückkehrte. Dann flüchtete die gescheite Elvira in ihre eigene geistige Welt. Mit großer Willenskraft schrieb das Kind täglich vier Stunden lang an seinen Dichtungen. Später las es der Cousine und den Müttern seine »Werke« vor. Meist endete das in Begeisterungsstürmen des Publikums mit Umarmungen und Küssen. In dieser Zeit verbarg man seine Gefühle nicht.

Auch Bertha wurde dadurch angeregt zu schreiben. Lyrik zu verfassen, lehnte sie mit der Begründung ab, die Lust am Ästhetischen würde sie zur »Unaufrichtigkeit« verführen. Ihr lag Prosa mehr, weil sie Gedachtes, nicht Gefühltes, in Form bringen wollte. Nach vielen Jahren, als sie schließlich wirklich anfing zu schreiben, war es ihr noch immer wichtiger, Erfahrungen und Ideen auszudrücken, als sich in eine Phantasiewelt zu flüchten. Jetzt, unter dem Einfluß von Elvira, begann sie mit einem »Geschichtswerk«. Dreibändig sollte es werden, aber über fünfzehn Zeilen kam sie nicht hinaus. Ein wenig später wurde von ihr in einer Zeitschrift eine kurze Erzählung veröffentlicht, die sie in ihren Memoiren »einen überirdischen Unsinn« nannte.

Mehr noch als früher schon wurde Bertha durch die anspruchsvolle Elvira zum Lesen schwieriger Bücher angeregt. So verschlangen die beiden Mädchen die erstaunlichste literarische Kost. Sie lasen Victor Hugo im Original, Kant und Descartes, Alexandre Dumas und George Sand, Alfred de Musset, Lord Byron, Platon, Schopenhauer und den *Kosmos* von Alexander von Humboldt, Werke über Völkerkunde, Theologie, Astronomie und Naturwissenschaften. Sie führten lange Gespräche über ihre Lektüre. Diese Freundschaft brachte Bertha statt kindlicher Spiele ein ungewöhnliches geistiges Training.

Elvira suchte mit den Autoren der gelesenen Bücher schriftlich in Kontakt zu kommen. Sie schickte ihnen ihr Stammbuch zu, das Bertha später erbte. Das kluge Kind muß den richtigen Ton gefunden haben, denn die meisten seiner »Geisteshelden« antworteten. Das oft so sentimentale Stammbuch junger Mädchen wurde zu einer kostbaren Autographensammlung. Franz Grillparzer, damals Österreichs angesehendster Dramatiker, schrieb ein Verschen ein, Richard Wagner »für das österreichische Mädchen« ein paar Noten, Justus Liebig lobte, daß »die junge Dame« sich so intensiv mit »den Schätzen der Wissenschaft bereichere«. Man findet die Namen von Theodor Körner, Friedrich Rückert und Friedrich Hebbel. Charles Dickens fügte ein paar Zeilen aus *David Copperfield* auf schwarzumrändertem Papier bei, Schillers Tochter von dessen Weste ein Stückchen lila Seidenstoff, Nikolaus Lenaus Schwester schickte eine gepreßte Rose von seinem Grabe.

Die Mütter teilten den geistigen Höhenflug der Töchter nicht. Sie waren beide kaum über ihre Jungmädchenmentalität hinausgewachsen, träumten hauptsächlich von schönen Toiletten und glanzvollen Auftritten in den Salons, interessierten sich für Hofklatsch und Gesellschaftsereignisse. Sie standen damit ganz auf dem Boden des Üblichen. Der österreichische Adel lebte in einer Welt, deren Glanz und Realitätsferne dem Scheinleben auf den Operettenbühnen genau entsprach.

Der für ihre Ansprüche nötige Aufwand kostete Geld, mehr als sie besaßen, obgleich beide Witwen nicht unversorgt zurückgeblieben waren. Sie überlegten, wie sie auf möglichst elegante, standesgemäße Art zu mehr Mitteln kommen konnten, und entschlossen sich zum Spiel. Die mondäne und flirrende Welt des Kasinos entsprach ihren Bedürfnissen. Lotti glaubte außerdem, über mediale Kräfte zu verfügen. Séancen waren in der damaligen Gesellschaft sehr beliebt, und Lottis sentimentales Backfischgemüt war ganz erfüllt von all dem Magisch-Mystischen. Sie »bewies« der Schwester ihre Sehergabe beim häuslichen Spiel. Der Zufall half ihr, Bertha und Berthas Mutter zu überzeugen. Kokett erklärte sie, das Spielen eigentlich zu hassen, aber die medialen Fähigkeiten legten ihr eine Verpflichtung auf. Naiv wurde von den beiden Damen nun eine Reise in ein Bad mit Spielkasino geplant. Sie waren sich des Erfolges so sicher, daß sie bereits überlegten, was man mit dem goldenen Segen anfangen würde. Ein wunderschönes Schloß sollte gekauft werden, wo man ein aufwendiges Leben mit Bällen, Diners und illustren Gästen führen konnte. Schmuck würde man sich in Hülle und Fülle leisten. Die Mutter versprach Bertha, die mit glänzenden Augen zuhörte, »rosa Diamanten« und ein Zimmer, in dem Wände und Möbel nur aus Porzellan bestehen sollten. »An diesem Porzellanzimmer habe ich vorwegnehmend Besitzesfreude erlebt wie an wenigen Dingen«, schrieb sie später.

Daß das dreizehnjährige Kind an diese Dornröschenwelt glaubte, ist verständlich, daß aber auch die beiden erwachsenen Frauen sie für erreichbar hielten, zeugt von einer kaum glaublichen Realitätsferne.

Berthas Mutter erklärte mit Nachdruck, man wolle natürlich nicht nur allein im Luxus leben, sondern auch andere glücklich machen. Arme Verwandte sollten unterstützt, Kranken- und Blindenhäuser gebaut werden. Die kluge Elvira nahm an diesen Träumen nicht teil. Sie wollte kein Porzellanzimmer, sondern eine berühmte Dichterin werden.

1856 fuhr man nach Wiesbaden. Das »Betriebskapital« jeder Dame betrug ein paar hundert Gulden. Die Reise war lang und anstrengend. Es gab damals in den Zügen weder Toiletten noch Speisewagen. Doch Bertha genoß den Wechsel von Landschaften und Menschen.

Eilig mieteten sie im Kurort die erstbeste Villa und begaben sich gleich ins Spielkasino. Zwar durften Kinder den Saal eigentlich nicht betreten, aber die vierzehnjährige Elvira und die frühreife dreizehnjährige Bertha wurden von ihren Müttern so herausgeputzt, daß sie wie Erwachsene aussahen. Der Pförtner ließ sie passieren, und sie genossen zum erstenmal die prikkelnde, gespannte Atmosphäre der Spielsäle. Sofort machten sich die beiden Damen an die Arbeit. Allerdings führten sie vorher die beiden Töchter doch lieber in den Kurpark und wechselten sich als »Anstandsdamen« ab, während sich die andere dem Spiel hingab. Junge Mädchen aus guten Kreisen konnten sich damals unmöglich allein in der Öffentlichkeit zeigen. An diesem ersten Tag gewannen die beiden Damen tatsächlich etwas, und Schloß und Porzellanzimmer schienen in erreichbare Nähe gerückt zu sein. Auch sonst entwickelte sich alles ganz zu Berthas Zufriedenheit. Junge, stattliche Offiziere umgaben sie, darunter ein Prinz, in den sich Elvira verliebte, obgleich er nur Augen für Bertha hatte. Das gleiche sollte sich später wiederholt abspielen. Für große Bälle waren die beiden Mädchen noch zu jung, doch schmuggelten die Mütter sie in eine »Reunion«, wie man damals die kleineren Tanzfeste nannte. Noch im Alter berichtet Bertha in allen Einzelheiten von den Kleidern, die man dafür anfertigen ließ. Sie waren weiß mit langem Doppelrock über der Krinoline, am Saum mit Kornblumensträußchen gerafft, eine Girlande davon um die Taille. Ein Kranz von den blauen Blüten schmückte das Haar. Elviras und Berthas Gewänder waren gleich, und Bertha meinte, sie hätten darin »wie Feldelfen« ausgesehen. Man brauchte für die Hinfahrt zwei Kutschen, denn jeder Rock nahm viel Platz ein und durfte nicht zerdrückt werden.

Diese Welt des Ballsaales schien genauso zu sein, wie Bertha sie sich immer geträumt hatte. Sie sah Lichter und Blumen, weich fließende Abendkleider, aufgetürmte Locken und glitzernden Schmuck. Stattlich und schön waren die Offiziere in ihren straffen, bunten Uniformen. Herren in Zivilkleidern übersah man. Die Damen fächelten sich Luft zu mit den Tanzkarten, in die sich die Herren für die gewünschte Mazurka, die Polka oder den Walzer eintragen mußten. Auf dem glatten Parkett drehte man sich mit schwingenden Röcken und wirbelnden Beinen.

Das schönste aber war, daß Bertha sofort in die Gemeinschaft einbezogen wurde. Ihre Tanzkarte war rasch überfüllt, und ein echter Prinz machte ihr »die Cour«. Bei der nächsten Reunion bat er die Mutter tatsächlich um Berthas Hand. Lachend klärte sie ihn darüber auf, daß das Mädchen erst dreizehn Jahre alt war. Der Prinz war nicht besonders hübsch, und Bertha bedauerte kein bißchen, daß sie ihm einen Korb geben mußte. Doch war sie nun sicher, daß der echte, wunderschöne und reiche Märchenprinz bald in ihr Leben treten würde. Darauf hinzuarbeiten war für sie von nun an »das Wichtige«.

Szene aus der Schlacht bei Sedan 1870

Das Palais Kinsky in Prag

◄ Vorige Seite: Bertha von Kinsky, etwa sechzehn Jahre alt

Ein paar Monate lang versuchten die beiden Schwestern ihr Glück im Spiel. Nach den ersten kleinen Erfolgen zeigte sich, daß Lottis magische Fähigkeiten nicht reichten. Der goldne Regen blieb aus, und das Kapital der Damen wurde aufgebraucht. Leicht deprimiert kehrten die vier nach Brünn zurück und sie-

2
Jugend.
»Das Wichtige«:
Glanzvolles Leben
in der großen Gesellschaft

delten bald nach Wien über. Doch aufgegeben wurde der Plan, durch das Spiel reich zu werden, nicht. Man wollte später sein Glück neu versuchen. Die beiden Mädchen genossen das Zusammenleben, studierten gemeinsam, lasen, diskutierten, gingen spazieren. Vor allem für Bertha sah die Zukunft rosig aus, denn sie war im Ballsaal fraglos ein Erfolg gewesen. Den Sommer 1859 verbrachten sie wieder in Wiesbaden. Elvira und Bertha brauchten sich nun nicht mehr mit Reunions zu begnügen, sondern konnten an Bällen teilnehmen. Die hübsche Bertha mit ihrem Charme gefiel ausnehmend. Sie war gewandt in leichter Konversation und unverbindlichem Flirt. Die »Übungsstunden« mit Elvira beim »Puff« hatten sie darauf vorbereitet. Daß die Donaumonarchie in diesem Jahr Krieg führte, kümmerte Bertha wenig. In einem grausamen Kampf versuchte Oberitalien, sich von der österreichischen Herrschaft zu befreien. Bald waren die Schlachtfelder von Verwundeten und Toten übersät. Bertha überblätterte in den Zeitschriften Berichte und Bilder davon stets rasch. Sie wollte sich in ihrer heiteren Jungmädchenwelt nicht stören lassen, wollte nur Angenehmes und Gefälliges sehen und erleben. In ihren Memoiren schrieb sie später: »Das Ereignis (des Krieges) war mir damals so gleichgültig, so wenig vorhanden, wie es mir heute gleichgültig wäre zu erfahren, daß in einer westindischen Insel, deren Namen ich nie gehört hätte, ein Vulkan ausgebrochen sei...« Die junge Bertha schob alle Gedanken über Kriegsgreuel mit Erfolg beiseite. Die hübschen Offiziere, mit denen sie tanzte, lachten und flirteten, und die leichte Aura von Gefahr, die sie umgab, stand ihnen gut. Niemand war im Feld, um den Bertha bangen mußte. Ihr Bruder, der es nur bis zum Leutnant brachte, hatte schon vor einem Jahr wegen einer Tuberkulose den Dienst quittiert. Das Soldatenleben war ihm ausgesprochen zuwider gewesen, was die Kluft zwischen Bruder und Schwester vertiefte.

Wenn Bertha überhaupt an den Krieg dachte, sah sie vor ihrem Geiste Bilder von »Glanz und Gloria«, von Heldentum und Siegen mit Trompetengeschmetter und flatternden Fahnen. Der Soldatentod war in ihren Augen etwas rührend Schönes und Erhabenes. »Vielleicht dachte ich nicht einmal so viel über die Sache nach«, erinnerte sie sich später, »ich nahm sie nur hin als etwas Seiendes und Unumstößliches, wie man die Existenz der Sonne hinnimmt.« Daß der Krieg ein Naturgesetz sei, war ihr von Jugend an gepredigt worden. Sie wußte nichts von den Bestrebungen, den Krieg abzuschaffen – schon 1849 hatte unter dem Vorsitz des französischen Dichters Victor Hugo ein Friedenskongreß stattgefunden –, und sie ahnte nicht, daß der Schweizer Henry Dunant sich bemühte, dem Krieg einige Schrecken zu nehmen. Bei der Schlacht von Solferino hatte der Kaufmann mit dem österreichischen Kaiser Geschäfte machen wollen, doch vergaß er seinen Plan, als er den Jammer der unversorgt auf dem Schlachtfeld liegenden Verwundeten erlebte. Er versuchte zu helfen, setzte später all seine Beziehungen ein und gab sein ganzes Vermögen hin, um das »Rote Kreuz« zu gründen, eine internationale Organisation, die von da an den Verwundeten in Kriegen beistand.

Österreich verlor den Krieg und mußte die Lombardei an Italien abgeben. Die Kinskys wurden davon hauptsächlich berührt, weil durch den darauf folgenden wirtschaftlichen Niedergang der Donaumonarchie ihr Vermögen schmerzhaft beschnitten wurde. Der Aufenthalt im Bad mußte abgebrochen, die Wiener Wohnung aufgegeben werden. Die beiden Schwestern mieteten ein billiges Landhäuschen in Klosterneuburg. Man wollte dort bescheiden leben und vor allem Geld für Berthas Eintritt in die Gesellschaft mit achtzehn Jahren zurücklegen. Dann würden Bälle gegeben und teure Toiletten angeschafft werden müssen. Ganz nüchtern wurde dieser »Heiratsmarkt« eingeplant, um Bertha in der Zukunft ein reiches und glanzvolles Leben zu ermöglichen.

In den etwas beengten Verhältnissen war der Tagesablauf nicht ohne Reiz. Wieder studierten und lasen die Mädchen, Elvira schrieb Dramen, und Bertha spielte Klavier. Sie machten lange Spaziergänge und verträumten manchmal ihre Zeit am kleinen Bach, der durch den bezaubernd verwilderten Garten floß. Abends saßen Mütter und Töchter beisammen, musizierten und plauderten. Bis in den Herbst hinein war es vergnüglich, doch der Winter brachte Langeweile. Es gab keine Feste, Opernbesuche und Bälle, kein Bummeln auf Wiens Straßen, keine hübschen jungen Offiziere, keine Flirts. Um etwas zu erleben, dachte sich Bertha einen Streich aus. Sie setzte eine Anzeige in die Zeitung, in der ein adeliges Geschwisterpaar, das angeblich auf einem einsamen Schloß lebte, einen Briefwechsel mit gleichgestimmten Menschen suchte. Der Familie erzählte Bertha nichts davon. Zu ihrem Vergnügen erhielt sie postlagernd etwa sechzig Briefe. Nun beichtete sie, was sie angestellt hatte. Die Mütter taten entsetzt, doch im Grunde hatte ihr ewiges Backfischgemüt großen Spaß an der Sache. Auch Elvira mußte etwas beichten. Einer der Briefe war von ihr, sie hatte auf die verlockende Anzeige hin geschrieben.

Die Abende waren nun nicht mehr langweilig. Von allen gemeinsam wurden die Briefe gelesen und einige beantwortet. Elvira gefiel besonders das Schreiben von einer jungen Frau, die sich »Doris am See« nannte. Sie schlüpfte, wie zur »Puffzeit«, in die Rolle eines Mannes und antwortete der Dame als »der adelige Bruder«. Dieser Briefwechsel wurde immer interessanter und herzlicher. Hier trafen sich zwei gleichgestimmte Seelen, und »Doris« schien sich in den fiktiven Bruder zu verlieben. Schließlich gestand Elvira ihren Streich ein, und »Doris« bekannte, daß auch sie eine »geistige Geschlechtsverwandlung« vorgenommen hatte. »Sie« war ein junger Marineoffizier mit Namen Joseph Tiefenbacher. Diese so romantisch begonnene Geschichte endete auch romantisch. Elvira heiratete Tiefenbacher, und bis zum frühen Tod der jungen Frau war die Ehe sehr glücklich.

Nun hatte die unansehnliche, spröde Elvira doch eher einen Lebensgefährten gefunden als die hübsche Cousine. Bertha sollte 1862 in »die Gesellschaft« eingeführt werden, was durch ihre Schönheit, ihren Charme und ihre Eleganz sicher keine Schwierigkeiten bringen würde. Doch die Kinskys irrten sich. Der österreichische Hochadel war nicht gewillt, jemanden in seine Kreise aufzunehmen, der nicht ganz den Forderungen der Kaste entsprach. Sechzehn adelige Ahnen mußte man nachweisen können, um »dazuzugehören«. Beim Abzählen schafften es die Kinskys beinahe, aber nicht ganz. Das Haupthindernis war jedoch Berthas Mutter, denn sie stammte aus jungem Adel und hatte nur wenige Ahnen zu bieten. Wie bitter muß es für Bertha gewesen sein, als sie auf einem Ball des Hochadels, an dem sie teilnehmen durfte, nur wenige Tänzer fand, obgleich sie in einem weißen, mit Rosen geschmückten Kleid besonders hübsch aussah. Beim Kotillon, dem Höhepunkt der Tanzveranstaltung, wäre sie beinahe sitzengeblieben, wenn sich nicht ein häßlicher Infanterieoffizier, der schon viele Körbe erhalten hatte, ihrer erbarmt hätte. Ihre Mutter saß einsam am Rande. Keine der Ballmütter kümmerte sich um sie. Beim Souper schwatzten und lachten die jungen Komtessen miteinander, aber niemand wollte mit Bertha sprechen. Dieses Erlebnis demütigte sie tief.

Aus Kummer und Zorn hätte sie fast einen großen Fehler begangen. Einer der reichsten Männer Wiens hielt um ihre Hand an. Er war kein Aristokrat, nicht schön und auch schon zweiundfünfzig Jahre alt, aber er versprach Bertha und ihrer Mutter eine Landvilla und einen Palast in der Stadt, kostbaren Schmuck und schöne Kleider. In der Gesellschaft der reichen Bürger Wiens würde Bertha eine führende Rolle spielen. Es war typisch für Bertha, daß sie sich, kaum war ein Traum zerronnen, rasch auf etwas anderes einstellen konnte. Doch diesmal war es wohl eher eine Verzweiflungstat. Viele Jahre später schrieb sie:»Ich versuche nicht, diese Tatsache zu beschönigen. Es ist eine häßliche Tatsache, wenn ein achtzehnjähriges Mädchen einem ungeliebten, so viel älteren Mann die Hand reichen will, nur weil er Millionär ist! Es heißt – um es bei seinem wahren Namen zu nennen – sich verkaufen.«

Glücklicherweise kam es nicht dazu. Zwar gab sie dem Mann ihr Jawort, doch als er sie überglücklich besuchte und bei dem ersten Beisammensein küssen wollte, war ihr physischer Ekel so groß, daß sie ihm den Verlobungsring zurückgab.

Sie vergaß diese Episode rasch, denn bei den Tanzkränzchen und Landpartien des nicht ganz so hochgestellten Adels wurde sie wieder sehr umworben. Den Winter verbrachten die Kinskys diesmal in Rom, weniger, um die Kunstschätze der Stadt zu besichtigen, als wegen des regen gesellschaftlichen Lebens dort.

Man ging auf Bälle und in die Oper, wurde in prunkvolle Paläste eingeladen und fuhr mit der Pferdekutsche auf den Monte Pincio, wo sich die elegante Welt zu einem Korso traf. Die Festsäle des römischen Adels und die Salons

der Fremdenkolonie öffneten sich ihnen. Doch das Ziel, Bertha zu verheiraten, erreichten die Kinskys auch hier nicht. Unruhig ließen sich die beiden Frauen umhertreiben, den Sommer verbrachten sie wieder in Baden, den Winter 1864 in Venedig. Die Stadt in ihrem verlöschenden Glanz rührte Berthas Schönheitssinn an, doch »das Wichtige« war wieder das gesellschaftliche Leben, eine Art Arbeit, wenn auch eine vergnügliche, um sich damit ein späteres Lebensglück zu schaffen. Hier schienen ihre Chancen groß zu sein, man umschwärmte sie, und sie hatte öfter die Gelegenheit, eine Ehe einzugehen. Doch die Umworbene wurde nun übermütig und glaubte stets, etwas noch Besseres finden zu können. So teilte sie ständig Körbe aus, weil ihr die Freier nicht hübsch, reich oder jung genug waren oder weil sie ihr nicht die ersehnte gesellschaftliche Stellung bieten konnten. Die Mutter wurde unruhig. Auch Elvira, die mit ihrem Mann, der dort stationiert war, in Venedig lebte, mahnte die Cousine, ihre Ziele nicht zu hoch zu stecken, doch Bertha lachte sie aus.
Den Sommer verbrachten sie in Bad Homburg, wohnten dem Kursaal gegenüber. Gräfin Kinsky hatte neu die Spielleidenschaft gepackt. Wieder wandelte man in hübschen Toiletten im Park, ging zu Kurkonzerten und auf Bälle. Dreimal in der Woche besuchte man die Oper, wo die berühmte Adelina Patti sang. Die Mutter berichtete von ihren einstigen Träumen, eine bekannte Opernsängerin zu werden, und weckte in Bertha den Gedanken, ob sie nicht statt ihrer Mutter das Ziel erreichen könnte. Man hatte ihr oft gesagt, daß sie eine hübsche Stimme habe. Sie sang dem Homburger Opernkapellmeister vor, der nicht überschwenglich begeistert war, sich aber bereit erklärte, ihr Stunden zu geben. Das Honorar war sehr hoch und der Mann ihr nicht sympathisch. So gab sie den Unterricht bald wieder auf.
In dem Kreis, in dem sie verkehrten, tauchte eines Tages eine interessante Frau auf, die Fürstin von Mingrelien, einer russischen Provinz am Schwarzen Meer. Als ihr Mann starb, hatte sie für ihren siebzehnjährigen Sohn die Regierung ergriffen. Bald darauf zwang die russische Regierung den Sohn, auf den Thron zu verzichten. Seinen Titel und seine Ländereien durfte er behalten und bezog, wie auch die Fürstin selbst, eine bedeutende Rente. Die Familie lebte zur Zeit in Europa, die beiden Söhne im Internat, die Fürstin mit Tochter Salome wechselnd in verschiedenen Städten und Ba-

deorten. Bertha war fasziniert von Ekaterina Daidani, der europäisch-orientalischen Mischung in ihrer Erscheinung. Das Gesicht mit den breiten Backenknochen, das dunkle Haar, Gang und Bewegungen wirkten asiatisch. Doch kleidete sie sich mit raffinierter französischer Eleganz. Die Zuneigung Berthas wurde von der Fürstin erwidert. Sie ließ sich von dem Mädchen auf ihren Spaziergängen und zu den Trinkkuren begleiten und lud sie in ihre Villa ein, deren fremdartige Atmosphäre Bertha genoß. Bunt und gemütlich war der große Haushalt, Kissen lagen umher, Ikonen und Samowars standen auf Tischen, Dienerinnen in kaukasischer Tracht brachten Tee. Es roch nach Leder, Orangenblüten und Zigaretten. Der Höhepunkt war, wenn Ekaterina ihre Schmuckschatulle öffnete und Bertha all die funkelnden Kostbarkeiten zeigte. Sie versprach ihr eine besonders schöne Brosche als späteres Hochzeitsgeschenk. Zärtlich nannte die Fürstin Bertha»La Contessina«und lud sie ein, sie später im Kaukasus zu besuchen.

Während sich ihre Mutter erfolglos im Spiel versuchte, genoß Bertha das Leben in Homburg diesmal besonders. Die weite Welt, und noch dazu eine aristokratische, schien sich ihr zu öffnen, besonders, als ein georgischer Prinz auftauchte, der nun wirklich Berthas Märchenprinzen glich. Doch diesmal versagte ihr Charme, fand ihre Zuneigung keine Gegenliebe.

Bei all dem bunten, anregenden Leben hatte Bertha keine Zeit, sich darum zu kümmern, daß Österreich wieder im Krieg stand. Preußen hatte Österreich bewogen, an seiner Seite gegen Dänemark in den Kampf zu ziehen. Es ging um die Herzogtümer Schleswig-Holstein und Lauenburg. Dänemark verlor den Krieg und mußte die fraglichen Gebiete abtreten. Österreich half damit, Preußens»Appetit«auf mehr Landbesitz zu wecken, was ihm später selbst schaden sollte.

Doch die beiden Kinsky-Damen hatten andere Sorgen. Enttäuscht kehrten sie nach Baden in ihr Landhaus zurück, die Mutter, weil ihr das Spiel keinen goldenen Regen, eher Verluste eingebracht hatte, die Tochter, weil ihre Träume vom Märchenprinzen sich nicht realisieren ließen. Sie merkte endlich, daß ihre Phantasiewelt keinen festen Grund hatte, und wollte nun nicht mehr auf eine reiche Heirat warten. Sie entschloß sich, andere Wege zu gehen. Hatte der Kapellmeister in Bad Homburg recht gehabt, war ihre Stimme wirklich nur mittelmäßig? Ein alter Musiklehrer am Ort behauptete das Gegenteil. Er war hingerissen von ihrem Gesang und prophezeite ihr eine große Zukunft. Von nun an sollte die Musik das »Wichtige« in ihrem Leben sein. Ein Jahr lang lebte sie in einem strengen »Kunstnoviziat«. Mit der ihr eigenen Energie arbeitete sie hart, übte sich im »Skalensingen«, im »Vokalsingen«, in der Harmonielehre und spielte Klavier. Sie und ihr Lehrer fanden, daß sie enorme Fortschritte machte. Überschwenglich erklärte der alte Herr, er habe wahrscheinlich eine der großen Sängerinnen des Jahrhunderts entdeckt. Schließlich meinte er bescheiden, sie müsse nun zu einem berühmteren Gesanglehrer übergehen. In Baden-Baden lebte die Gesangspädagogin Pauline Viardot Garcia, die schon vielen Großen der Musik den Weg gewiesen hatte. Bertha sang ihr vor, erwartete ein Lob und wurde enttäuscht. Die Garcia sagte ihr geradeheraus, daß sie noch gar nichts könne und schon zu alt sei, um wirklich etwas zu erreichen. Bertha war verzweifelt: »Meine Welt lag in Trümmern. Das ›Wichtige‹ war vernichtet!« Langsam begann sie zu begreifen, daß das Leben für sie nicht ein schnurgerader Weg zu Ruhm, Glanz und Erfolg war.

Das Jahr 1866 brachte auch noch anderen Kummer. Der geliebte Vormund »Fritzerl« starb und wenig später die junge Cousine Elvira.

Wieder wurde der Sommer in Homburg verbracht. Im Kreise der Fürstin von Mingrelien versuchte sich Bertha von ihren Sorgen abzulenken, freundete sich enger mit Salome an und ritt mit ihr zusammen im Park.

Und wieder bildete den Hintergrund zu dieser Idylle ein Krieg. Die Besitzansprüche Preußens waren durch den Eroberungsfeldzug von 1864 gewachsen. Bismarck versuchte mit kriegerischen Mitteln, die Vormachtstellung in Deutschland und in Europa vor Österreich zu erlangen. Die kleineren norddeutschen Staaten stellten sich ihm an die Seite. Auch Italien zog in den Krieg gegen Österreich. Harte und blutige Kämpfe folgten. In der Schlacht bei Königgrätz in Böhmen siegten die Preußen. Im Frieden zu Prag mußte Österreich der Auflösung des Deutschen Bundes zustimmen wie auch der geplanten Neugestaltung Deutschlands ohne Österreich. Schleswig-Holstein, Hannover, Kurhessen, Nassau und Frankfurt am Main wurden zu Preußen geschlagen, Venedig zu Italien. Preußen hatte sein Land um ein Viertel vergrößert. Bismarck setzte klugerweise für Österreich einen milden Frieden durch. Die Donaumonarchie brauchte keine weiteren Gebiete abzutreten, und Preußen verzichtete auf den Einmarsch in Wien.

Alles spielte sich nicht weit entfernt von Bertha ab. Und doch wollte sie nichts davon wissen. Es fiel ihr nicht einmal auf, daß die Preußen noch 1864 als Freunde gegolten hatten und jetzt, zwei Jahre später, zu Feinden geworden waren. Sie dachte nicht über die Lage ihres Landes, sondern nur über ihr persönliches Schicksal nach, erkannte resigniert, daß all ihre Pläne fehlgeschlagen waren.

Im Herbst, nach Baden heimgekehrt, trafen sie einen sächsischen Offizier als Einquartierung in ihrer Villa an. Doch da der Krieg vorbei war, machte er ihnen nur noch einen kurzen, höflichen Abschiedsbesuch. Dabei wurde nicht über die Kämpfe gesprochen, sondern Bertha sang ihm vor, und der junge Mann sagte begeistert, sie sänge so schön wie die Patti. Das interessierte Bertha mehr als alle Kriegsgeschichten. In dem verzweifelten Ringen um eine persönliche Lebensform schien es ihr ein Strohhalm zu sein, an dem sie sich hochziehen konnte zu neuen Hoffnungen. Sie ließ sich von dem alten Musiklehrer, der nie den Glauben an sie aufgab, wieder Stunden geben. Noch ein Fachmann sollte über ihre Aussichten zu Rate gezogen werden. Mutter und Tochter fuhren nach Paris zu dem berühmten Gesanglehrer Duprez. Der Meister reagierte nicht so negativ wie die Garcia. Er fand Berthas Stimme schön und sagte ihr zu, sie in zwei Jahren zu einer erfolgreichen Opernsängerin zu machen.

Glücklich begann Bertha wieder zu arbeiten. Sie mieteten eine kleine Wohnung, und Mutter und Tochter ließen sich dort nieder. Doch zunehmend wurde Bertha klar, daß ihr viel für die ersehnte Laufbahn fehlte. Sosehr sie im Ballsaal gefiel, hatte sie als Sängerin wenig Ausstrahlung. Sie merkte es bei den Schülerkonzerten am fehlenden Applaus. Auch wurde sie jedesmal vor Lampenfieber fast krank. Sie versuchte nicht mehr, die Augen vor der Wirklichkeit zu verschließen, und gestand sich ehrlich ein, daß es größere Talente gab.

Ein Glück für Bertha war, daß die Fürstin von Mingrelien jetzt auch in Paris wohnte. Das brachte Ablenkung von ihrem Kummer. Auch konnte sie hier aus nächster Nähe eines der Märchen erleben, die sie einst für sich selbst erträumt hatte. Salome verlobte sich mit dem Prinzen Achille Murat, einem hübschen jungen Lebemann und Neffen des französischen Kaisers. Nur um die Hochzeit mitzuerleben, blieben die Kinskys noch bis zum Jahre 1868 in Paris. Prunkvoll wurde sie mit drei Trauungen gefeiert, der Ziviltrauung, einer katholischen im Beisein des Kaiserpaares in den Tuillerien und am Abend mit einer orthodoxen in der griechischen Kirche. Hier war Bertha »Kranzfräulein« und mußte während der Einsegnung des Paares eine Krone über das Haupt der Braut halten. Den Prunk und Glanz dieses Festes, die prachtvollen Roben und glitzernden Juwelen vergaß Bertha nie. Und doch empfand sie in all dem Festtrubel ein wenig Wehmut. Sie selbst hatte sich einst nach der Rolle einer solchen Braut gesehnt und von diesem Traum Abschied nehmen müssen, wie nun auch von dem zweiten, von großen Erfolgen als Sängerin.

Geldnöte zwangen die Kinskys zu immer neuen Einschränkungen. Wieder meinte die unbelehrbare Mutter, sie könne das Glück endlich doch im Spiel herbeizwingen, und wählte Baden-Baden als Aufenthaltsort. Die beiden Damen wohnten gegenüber einer Villa, in der der alte preußische König abgestiegen war. Wilhelm I. sah Bertha im Park, ließ sie sich vorstellen und ging gern mit dem hübschen, lebhaften Mädchen spazieren, erbat sich auch eine Fotografie von ihr. Für Bertha war das ein Pflaster auf die Wunde ihres gekränkten Selbstbewußtseins. Sie empfand Respekt und Zuneigung zu dem alten Herrn und genoß es, neben einem König gesehen zu werden. Es machte ihr wenig aus, daß sie mit dem Manne dahinwandelte, der eben ihr Vaterland besiegt hatte.

Noch einmal glaubte sie, das Glück in einer reichen Ehe finden zu können. Ein sehr junger Engländer warb um sie, dessen Vater angeblich ungeheure Besitzungen in Australien hatte. Er reiste ihr nach, als sie wieder nach Paris zurückkehrten. Auch der alte, halb gelähmte Vater tauchte auf und bat für seinen Sohn um Berthas Hand. Auf einer Spazierfahrt durch Paris zeigte er dem jungen Paar ein prachtvolles Palais, das er ihnen kaufen, und Bertha Juwelen in den Geschäften, die er ihr schenken wollte. Wieder meinte sie das Glück einer Märchenwelt nahe. Die Verlobung sollte bei dem Ehepaar Murat stattfinden. Festlich gekleidet saß man dort an üppig gedeckter Tafel und wartete. Aber Bräutigam und Brautvater erschienen nicht. Schwer gedemütigt mußte Bertha schließlich erkennen, daß es sich bei den beiden wohl um Hochstapler gehandelt hatte, die das Weite suchten, als sie feststellten, daß Bertha kein reiches Mädchen war.

Noch einmal versuchte sie zu erreichen, was ihr im Unterbewußtsein schon längst sinnlos schien. Vielleicht würde es ein neuer Gesanglehrer schaffen, sie über die Anfangsschwierigkeiten hinwegzubringen? Meister Lamperti in Mailand wurde ausgewählt. Er nahm sie auch als Schülerin an, doch wieder erkannte sie, daß ihre Stimme nicht ausreichen und sie das quälende Lampenfieber nie überwinden würde. Was sollte nur aus ihr werden? Um sich abzulenken, las sie wieder viel, ethnographische, astronomische Werke, Bücher über Chemie und Philosophie, Kant und Schopenhauer. Ihre Wißbegierde war groß. Doch nahm sie alle Erkenntnisse als feststehende Tatsachen hin, die interessant waren, aus denen man aber keine Folgerungen ziehen konnte.

Am wenigsten kümmerte sie sich um die politischen Zustände, dachte kaum an die vielen, die wieder die Schrecken eines Krieges ertragen mußten. Zwischen Frankreich und Preußen war es zum Streit um die spanische Erbfolge gekommen, was 1870 zum Krieg führte. Es war ein blutiges Ringen. Die Preußen drangen bis nach Paris vor, hatten dabei aber viele Verluste. In der Schlacht von Sedan wurde der französische Kaiser Napoleon III. gefangengenommen, 1871 in Frankfurt am Main Frieden geschlossen. Frankreich mußte hohe Kriegsentschädigungen leisten und Elsaß-Lothringen an Deutschland abgeben. König Wilhelm I. ließ sich in Versailles zum deutschen Kaiser krönen. Bertha schrieb später:»Von dem Jammer und den Greueln, die der Deutsch-Französische Krieg im Gefolge hatte, hörte ich wenig – oder wollte nichts hören, wehrte es ab mit dem gewohnten fatalistischen ›C'est la guerre!‹... Wenn ich heute in gewissen Kreisen verstocktem Unverständnis gegenüber der Friedensbewegung begegne, wenn mir Argumente für die Selbstverständlichkeit und historische Notwendigkeit der Kriegsgeißel entgegengehalten werden, wobei mich Zorn und Entmutigung zu erfassen drohen, so brauche ich nur an meine eigene Vergangenheit zurückzudenken, damit der Ärger erlischt und der Mut wieder steigt.«

Bei Beendigung des Deutsch-Französischen Krieges befanden sich die Kinsky-Damen in Berlin. Von einem Balkon Unter den Linden aus sah Bertha den Einzug der siegreichen preußischen Truppen. Sie war begeistert von dem Jubel, der herrschte, dem Bild der einmarschierenden Soldaten in ihren bunten Uniformen unter flatternden Fahnen und Triumphbögen aus Blumen. Blütenblätter wurden von der Menge über die Soldaten gestreut, Sträuße an ihre Helme und Waffen gesteckt. Über allem strahlte die Sonne. »Ein hohes, historisches Freudenfest. Wie anders würde heute meine Auffassung sein!« heißt es in ihren Memoiren.

1872 gab es noch einmal eine Verlobungsgeschichte, die mehr auf den Boden der Tatsachen gebaut schien. In Wiesbaden lernte Bertha den Prinzen Adolf zu Sayn-Wittgenstein-Hohenstein kennen. Der junge Mann war ein begabter Sänger und wollte damit sein Brot verdienen, weil das Majorat sein älterer Bruder geerbt hatte. Da der Sängerberuf aber immer noch nicht standesgemäß war, entschloß er sich, um seiner Familie »keine Schande« zu machen, nach Amerika auszuwandern. Bertha und er sangen zusammen Opernduette und verliebten sich ineinander. Bertha empfand keine himmelstürmende Leidenschaft, aber der junge Mann war ihr sympathisch und hatte die gleichen Interessen wie sie. Sie verlobten sich. Der Prinz schiffte sich nach Amerika ein und wollte, wenn er dort als Opernsänger Fuß gefaßt hatte, Bertha nachholen. Doch starb er auf der Überfahrt an einer akuten Erkrankung und wurde, mit Berthas Fotografie auf dem Herzen, im Meer versenkt. Als Bertha die Nachricht erhielt, schrie sie auf und kniete die ganze Nacht schluchzend an ihrem Bett. Wieder war eine Hoffnung zerstört. Es war ein Schmerz, doch keine unheilbare Wunde.

3

Auf eigenen Füßen.
Sekretärin bei Alfred Nobel
und heimliche Heirat
mit Arthur von Suttner

1873 war das Vermögen der beiden Frauen aufgezehrt. Die Kinsky-Familie, die das Umherschweifen und die Spielleidenschaft der Mutter mit Mißtrauen beobachtete, hatte nun wohl eingegriffen. Sophia Wilhelmine Kinsky erhielt, wahrscheinlich mit gewissen Auflagen, eine kleine Rente und konnte sich damit in Görz, einer österreichischen Kleinstadt, niederlassen. Arthur Kinsky lebte schon längere Zeit in Spalato in Dalmatien. Die Mutter hätte Bertha gerne bei sich behalten, doch die Dreißigjährige machte sich nun endlich energisch von allen Wunschträumen frei, wollte nicht mehr auf eine reiche Heirat oder den zweifelhaften Erfolg, eine große Sängerin zu werden, warten. Bliebe sie bei der Mutter, würde sie wohl als alternde Tochter langsam »verstauben«. Sie entschloß sich ganz nüchtern, ihren Lebensunterhalt von nun an selbst zu verdienen.

Das einzige, wofür ihre Fähigkeiten reichten, war der Posten einer Erzieherin. Sie beherrschte mehrere Sprachen, war literarisch und naturwissenschaftlich gebildet und konnte Musikunterricht geben. Ohne Selbstmitleid wandte sie sich einem Brotberuf zu und kümmerte sich nicht um die Standesvorurteile ihrer Klasse, ein Mädchen aus ihren Kreisen dürfe nicht mit Arbeit Geld erwerben. Sie bewarb sich als Gesellschaftsdame und Erzieherin im Hause eines Freiherrn von Suttner. Sicher war ihr unbehaglich, als sie das erste Mal das schöne Palais in der Wiener Canovagasse betrat. Früher war sie in solchen Häusern zu Gast gewesen, von jetzt an sollte sie dort zu den »Dienenden« gehören. Sie gefiel sofort und wurde engagiert.

Bald merkte sie, daß sie es außerordentlich glücklich getroffen hatte. Ihr Lebenszuschnitt änderte sich kaum, wurde eher großzügiger als bisher. Die Familie behandelte sie nicht wie eine Angestellte, sondern wie einen lieben Hausgenossen. Ihre fünfzehn- bis zwanzigjährigen Schülerinnen Lotte, Marianne, Luise und Mathilde betrachteten Bertha als eine ältere Freundin, bewunderten ihre Schönheit, ihre Eleganz, ihren Charme und glaubten, daß sie schon eine große Lebenserfahrenheit habe. Der Vater, Baron

Suttner, war ein österreichischer Kavalier alter Schule, am Hofe beliebt und in politischer Hinsicht sehr konservativ. »Mama«, die früher einmal sehr schön gewesen war, zeigte sich Bertha gegenüber etwas steif und kühl, aber nicht unfreundlich. Im Haus wohnten auch zwei Söhne, der älteste mit seiner attraktiven Frau und der jüngste, noch ledige, Arthur Gundaccar. Der zweite Sohn war ebenfalls verheiratet und lebte in der Nähe auf Gut Stockern, nicht weit entfernt von dem Landgut der Suttners.

Im Stadtpalast herrschte ein munteres Leben. Diener und Hausmädchen pflegten die wunderschönen Räume, die mit Holztäfelungen, Gobelins, Gemälden, Teppichen, Ledersesseln und solchen mit geschnitzten Lehnen prachtvoll ausgestattet waren. Der Lebensstil war üppig. Man besaß eine eigene Equipage und eine Loge in der Oper. Daß die Suttners weit über ihre Verhältnisse lebten, ahnte außer dem »Papa« damals niemand.

Der Liebling der Familie war der jüngste Sohn. Der dreiundzwanzigjährige Arthur Gundaccar sah sehr gut aus, hatte Witz und Wiener Charme. Er war gescheit und musikalisch, nur, wie sein Vater meinte, ein wenig faul und leichtsinnig. Auch die Mutter stöhnte über den »Bruder Leichtfuß«, doch strahlte sie wie die anderen auf, wenn er den Raum betrat und durch ihn die Atmosphäre sofort heiter und vergnügt wurde. Er saß eben im juristischen Staatsexamen. Das Lernen fiel ihm nicht schwer. Doch stöhnte er oft über »das verflixte Pauken« und riß ab und zu von seinen Büchern aus, um an Ausflügen der Schwestern und Berthas teilzunehmen.

Das damalige Leben in Wien war anregend. Man besuchte die Weltausstellung, ging in Kunstgalerien und in die Oper. Nachmittags zum Tee kam fast täglich Besuch. Man plauderte und spielte Gesellschaftsspiele. Manchmal setzte sich Arthur ans Klavier, improvisierte und brachte eigene Kompositionen zu Gehör. Vormittags unterrichtete Bertha pflichtschuldigst ihre Schülerinnen in Sprachen und am Klavier.

Die Sommermonate verbrachten die Suttners auf dem Familiengut Harmannsdorf, einem stattlichen Schloß in einem großen, waldähnlichen Park. Breite Alleen waren von alten Fichten gesäumt, Steinvasen und Statuen schauten aus dem Grün. Auch die weitere Umgebung war schön, und das junge Volk wanderte oft hinaus. Ein Eselchen zog dann einen kleinen Wagen mit Speisen und Getränken für ein Picknick.

Arthur meinte nun oft, sich von seinen Studien erholen zu müssen, nahm an den Ausflügen teil und gab allem erst die rechte Festlichkeit. Es war ein »Sommernachtstraum«, wie geschaffen für ein neues Liebeserlebnis.

Kaum noch erwartet, trat wieder ein Märchenprinz in Berthas Leben, und sosehr sie innerlich dagegen ankämpfte, konnte sie nicht widerstehen. Ihre Liebe wurde leidenschaftlich erwidert. Doch diesmal meinte Bertha ganz nüchtern zu wissen, daß es nur ein flüchtiger Sommertraum sein könnte. Sie war sieben Jahre älter als Arthur und ganz ohne Vermögen. Auch Arthur war nicht wohlhabend, aber er konnte jederzeit ein schönes und reiches Mädchen heiraten.

Schon seit längerem hatte Bertha den Plan, die Fürstin von Mingrelien im Kaukasus zu besuchen und vielleicht dort zu arbeiten. Im Augenblick war das noch nicht möglich, weil das Schloß der Ekaterina Daidani nach von Türken verursachten Kriegsschäden erst wiederhergestellt werden mußte. Bald würde Bertha also Abschied nehmen. Warum sollte sie dann nicht diese letzten Wochen von Herzen genießen? Die Schwestern schirmten das verliebte Paar gegen die Eltern ab. Es erlebte in dem verträumten Park zwischen Blumen, Büschen und Marmorgestalten eine Rokokoschäferidylle mit heimlichen Rendezvous, Tänzen auf Winzerfesten und Theateraufführungen im Grünen, zu denen die Schwestern den Adel und die Bauern der Umgebung luden.

Der alte Baron Suttner merkte von der ganzen Sache nichts. Er hatte Sorgen. Von der Weltwirtschaftskrise nach den Gründerjahren wurde auch das Suttnervermögen betroffen. Dazu kam, daß Suttner stets ein repräsentatives, standesgemäßes Leben führte, statt sich um seine wirtschaftlichen Angelegenheiten zu kümmern. So hatte er die Aufsicht über die zu Harmannsdorf gehörenden Steinbrüche, die einst eine Grundlage des Suttnervermögens gewesen waren, unfähigen und unehrlichen Direktoren überlassen. Für die Vergnügungen seiner Familie interessierte er sich zur Zeit nur insofern, als er den Seinen das heitere und großzügige Leben um jeden Preis erhalten und ihnen verbergen wollte, daß sie es sich eigentlich nicht mehr leisten konnten.

Arthurs Mutter beobachtete ihre Kinder mit schärferen Augen. Ihr konnten die lachenden Augenblitze, die verliebten Worte und Gesten nicht entgehen. Sie beorderte Bertha zu sich und wies sie in ihre Schranken. War sie früher kühl gewesen, wurde sie nun eisig, erklärte, daß Arthur wohl andere

Chancen habe, als die Heirat mit einer armen, so viel älteren Erzieherin. Er könne jederzeit eine glänzende Partie machen. Deshalb müsse Bertha in eine Trennung einwilligen. Man wolle auch nicht abwarten, bis sie die Möglichkeit habe, in den Kaukasus zu fahren. Es müsse sofort geschehen. Frau von Suttner hatte sich Annoncen in der Zeitung angesehen und präsentierte Bertha eine Anzeige aus Paris: Ein reicher, gebildeter älterer Herr suchte eine sprachkundige Dame als Sekretärin und Hausdame. Niedergeschlagen willigte Bertha sofort in alles ein.

Als sich Frau von Suttner verantwortungsbewußt näher nach dem Herrn erkundigte, erfuhr sie, daß es sich um Alfred Nobel, den berühmten Erfinder des Dynamits, handelte. Nun bewarb Bertha sich.»Herr Nobel und ich tauschten mehrere Briefe. Er schrieb geistvoll und witzig, doch in einem schwermütigen Ton. Der Mann schien sich unglücklich zu fühlen, ein Menschenverächter zu sein, und von umfassender Bildung, von tief philosophischem Weltblick...« Sie entschloß sich, die Stellung anzunehmen.

Das letzte Beisammensein des Liebespaares war schmerzlich. Anders als in unserer nüchternen Zeit lebte man damals seine Gefühle noch aus. Sie umarmten einander, weinten gemeinsam, küßten sich immer wieder, und Arthur sagte:»Durch deine Liebe hast du mich ein Glück kennen lassen, das meinem ganzen Leben eine Weihe geben wird.« Er, der Jüngere und Weichere von beiden, schien noch mehr unter der Trennung zu leiden als sie.

In Paris wurde Bertha am Bahnhof von Nobel empfangen. Er brachte sie erst einmal in ein Hotel, weil die Räume in seinem kleinen Palais in der Rue Malakoff, wo sie später wohnen sollte, noch nicht fertig renoviert waren. Sie aßen zusammen und fuhren dann in den Champs-Elysee spazieren. Danach zeigte er ihr sein Haus. Sie gefielen sich gegenseitig.

Später schilderte Bertha Nobel als einen mittelgroßen, damals dreiundvierzigjährigen Mann mit dunklem Vollbart. Seine Züge seien weder häßlich noch schön gewesen, ihr Ausdruck etwas düster. Doch die sanften blauen Augen waren auffallend. Seine Rede war manchmal melancholisch, dann wieder spöttisch. Er konnte fesselnd erzählen, sprach von Kunst und Literatur und berichtete auf ihr Drängen hin von seinem Leben. Er war Schwede, 1833 geboren und arbeitete schon in frühen Jahren in der Fabrik seines Vaters in Petersburg mit. Ab 1859 stellte er selbst in Stockholm Sprengstoff her. Ein schwerer Schock war es für ihn, als 1864 eine Fabrik für Nitroglycerin explodierte, was viele Opfer forderte. Ein Jahr später kam sein Bruder Emil bei einem gemeinsamen Experiment ums Leben. Daraufhin erfand Alfred 1867 das Dynamit, einen Extrakt aus dem Nitroglycerin, der wesentlich stoßfester war, mit dem man deshalb gefahrloser hantieren und ihn besser lagern konnte. Nobel gründete viele Fabriken und wurde sehr reich. Seit 1869 lebte er meist in Paris.

Eigentlich war er ein scheuer, schüchterner Mann, doch Bertha gegenüber öffnete er sich, sprach zu ihr von seinem Mißtrauen, weil er schon oft von Menschen enttäuscht worden war, und von seinem Glauben, daß die meisten ihn nur seines Reichtums wegen umwarben. Deshalb hatte er auch nicht geheiratet, lebte für seine Arbeit, beschäftigte sich nebenbei mit Kunst und sammelte sie. Er besaß eine große Bibliothek mit wissenschaftlicher und schöner Literatur. Sein Lieblingsdichter war Lord Byron. Voll Mißtrauen auch gegen sich selbst, glaubte er, keinem zu gefallen, niemanden zu interessieren. Diese Skrupel konnte Bertha ihm in bezug auf ihre eigene Person nehmen. Es geschah kaum einmal, daß er so offen von sich selber sprach. Er gestand ihr sogar, daß er heimlich dichte, aber noch nie etwas veröffentlicht habe. Auf ihr Zureden zeigte er ihr eigene Lyrik.

Schon bei dem ersten Treffen sprach er von seiner romantischen Sehnsucht, die Menschheit zu bessern. Er glaubte, man müsse sie vor sich selber schützen, indem man ihr die Möglichkeit nahm, Kriege zu beginnen. Er war der Ansicht, die heute leider viele Menschen noch nicht aufgegeben haben, daß man mit besonders bedrohlichen Vernichtungswaffen einen Frieden erzwingen könne. Er sagte:»Ich möchte einen Stoff oder eine Maschine schaffen können von so fürchterlicher, massenhaft verheerender Wirkung, daß dadurch Kriege überhaupt unmöglich würden.«

All das interessierte Bertha. Das erste Mal fing sie an, sich mit Ideen auseinanderzusetzen, die später das Wichtigste in ihrem Leben werden sollten. Auch lenkte es sie von ihren momentanen Sorgen ab, solange sie mit Nobel zusammen war. Doch hatte er täglich höchstens zwei Stunden für sie übrig. Er mußte Geschäfte erledigen und arbeitete an einer neuen Erfindung. So blieb ihr viel Zeit, um an Arthur zu denken. Sie berichtete ihm täglich von ihren Erlebnissen und Gefühlen. Auch er schrieb ihr, wie furchtbar er litt. Seine Schwestern schickten Bertha besorgte Briefe, daß sich der Bruder sehr verändert habe, von seinem heiteren Wesen sei nichts übriggeblieben,

Die Neunundzwanzigjährige in
Balltoilette

Die Pfarrkirche Wien-Gum-
pendorf, in der sich Arthur
und Bertha von Suttner heimlich trauen ließen

Wereschtschagin, Holzstich nach dem Gemälde »Die Sieger« aus dem Russisch-Türkischen Krieg 1877–78, welchen die Suttners im Kaukasus miterlebten

Alfred Nobel, der schwedische Erfinder ►
des Dynamits. Befreundet mit ihm,
hatte Bertha von Suttner entscheidenden Einfluß auf sein Testament, das den
Nobelpreis begründete

Bertha von Suttner 1885

er wirke schweigsam und verdüstert. Der empfindsame Nobel merkte, daß Bertha Kummer hatte, und fragte, was sie quäle. Sie erzählte ihm von ihrer Liebe, und er riet ihr, den Briefwechsel mit Arthur abzubrechen und zu versuchen, ihn zu vergessen. Doch das war ihr nicht möglich.

Eine Woche nach ihrer Ankunft mußte Nobel nach Schweden reisen, um den Bau einer neuen Dynamitfabrik zu beginnen. Nun war Bertha den ganzen Tag über auf sich allein angewiesen. Sie saß in ihrem Hotelzimmer, grübelte, schrieb oder irrte in den Pariser Straßen umher. Eines Tages erhielt sie eine Depesche von Arthur: »Kann ohne Dich nicht leben!« Sie erschrak. Sorgen, daß er sich etwas antun könne, mögen ihr gekommen sein. In ihrer impulsiven Art entschloß sie sich zum Handeln. Sie schrieb an Nobel nach Schweden, daß sie ihre Liebe nicht aufgeben könne. Er möge ihr nicht gram sein, weil sie die Stellung bei ihm nicht antreten, sondern nach Wien zurückkehren werde. Sie bedankte sich von Herzen für sein großes Vertrauen. Die Hotelkosten wollte sie nun auf jeden Fall selbst übernehmen. Doch das bißchen Ersparte, das ihr noch geblieben war, reichte dafür nicht aus, auch nicht für eine Fahrkarte nach Wien. Vom »Fritzerl« hatte sie ein wertvolles Diamantkreuz geerbt. Sosehr sie an dem Andenken hing, verkaufte sie es, konnte mit dem Geld die Rechnung begleichen und nach Wien reisen.

Dort fuhr sie vom Bahnhof in das Hotel Metropol und schickte sofort ein mit verstellter Schrift geschriebenes Briefchen an Arthur. Sie erklärte darin, im Hotel sei eine Dame aus Paris mit einer Botschaft für ihn. Sie mußte nicht lange warten, bis sie seine Schritte im Flur hörte. Er klopfte, öffnete die Tür, ohne auf ihr »Herein« zu warten, und sie fielen sich in die Arme. Sie lachten und weinten. Dicht aneinandergelehnt saßen sie dann lange auf dem Sofa. Arthur berichtete, daß er tatsächlich nahe am Selbstmord gewesen sei und daß er sich nie mehr von Bertha trennen wolle. Energisch übernahm sie die Führung, beschloß, daß sie sofort heiraten und danach zu den Freunden in den Kaukasus fahren würden. Sicher könnte die Fürstin von Mingrelien Arthur am Hofe des Zaren eine Stellung verschaf-

◀ Gut Harmannsdorf, Besitz der Familie Suttner und Wohnung von Bertha und Arthur nach ihrer Rückkehr aus Rußland

fen. Damit die Suttnerfamilie die Heirat nicht verhinderte, versteckte Bertha sich bei gemeinsamen Freunden in Wien und wagte nicht, auf die Straße zu gehen. Arthur besorgte heimlich das Aufgebot, die Reisepapiere und Geld. Am 12. Juni 1876 fuhren sie an einem schönen Frühsommermorgen, schon in Reisekleidung, nach Gumpendorf, einem Vorort von Wien, und ließen sich in einer Seitenkapelle der Kirche von einem uralten Priester trauen. Danach traten sie sofort ihre Seereise an, die von Odessa über das Schwarze Meer zum Hafen Poti ging.

Die Eltern Suttner waren von der Flucht ihres Jüngsten tief verletzt und wollten von nun an nichts mehr mit ihm zu tun haben. Doch die Schwestern, entzückt von der romantischen Geschichte, hielten in den nächsten Jahren die Verbindung aufrecht. Berthas Mutter war mit der Ehe nicht einverstanden, aber da sie gewohnt war, daß ihre Tochter tat, was sie wollte, schickte sie sich seufzend drein.

Die beiden Liebenden waren berauscht von ihrem Abenteuer. Sie hatten sich von ihrer gewohnten, konventionellen Welt befreit und würden nun eine neue erobern. Es war Arthurs erste Seereise. Immer wieder brach er in Begeisterungsstürme aus über die Endlosigkeit des Meeres, seine Farben und die Lichter, die auf den Wellen spielten. Er genoß den Seewind und den Duft, den er mitführte. Arthur war wie der Sohn einer liebevollen, etwas gelassenen Mutter, die ihn zärtlich beobachtete. Immer blieb es zwischen ihnen so. Bertha als die Stärkere, Realistischere wurde hauptsächlich durch Arthurs Entzücken von der Welt entzückt.

Bertha hatte der Fürstin Daidani brieflich von ihrem Liebesroman berichtet und die Antwort erhalten, daß sie von Herzen willkommen seien. Sie landeten schließlich in Poti, einer Hafenstadt im Kaukasus. Am Kai wogte buntes, orientalisches Leben. Auch der Abgesandte der Fürstin, der sie empfing, sah fremdartig aus in seinem langen Kaftan mit Wollkapuze, kriegerisch mit Dolch und Pistole im Gürtel und Patronenhülsen über der Brust versehen. Der Mann brachte ihnen die Nachricht, daß sie sich noch eine Woche lang in der nahegelegenen Stadt Kutais aufhalten müßten, bis die Sommerresidenz der Fürstin in den Bergen für ihren Empfang bereit sei. Da an diesem Abend kein Zug nach Kutais ging, mußten sie die erste Nacht in Poti verbringen. Die beiden Verwöhnten erlebten nun gleich die primitivsten Verhältnisse. Die Betten waren völlig verlaust. Zum Waschen gab es im ganzen Hause nur eine einzige Zinnschüssel, die von Zimmer zu Zimmer gereicht wurde, wenn die Gäste sie benötigten, wie auch ein einziges, schrecklich schmutziges Handtuch. Die Komik der Situation befriedigte ihre Abenteuerlust, doch übernachteten sie lieber nicht im Bett, sondern in Sesseln.

Am nächsten Tag reisten sie nach Kutais. Auch dort entsprach das Hotel nicht im entferntesten ihrem früheren Lebensstandard. Doch die Betten waren sauber und ohne Ungeziefer, jeder Gast hatte sein eigenes Waschbecken und Handtuch. Die fremde Welt bezauberte Bertha und Arthur. Sie lehnten oft eng nebeneinander über dem Geländer des Holzbalkons ihres Hotels und schauten. Auf den Straßen, die von hübschen Holzhäusern mit Rundbalkons gesäumt waren, lagen Büffel. Ihr Mist, der in der Sonne trocknete, strömte einen strengen, nicht unangenehmen Geruch aus. Menschen in starkfarbigen, buntgestickten Trachten schlenderten durch die Straßen. Reiter bahnten sich ihren Weg und Pferdewagen, die Gemüse zum Markt brachten. Wie exotisch und rustikal diese Welt war gegen die verfeinerte Wiener Szene, die sie gewohnt waren. Welch ein Abenteuer! Zu essen bekamen sie fast ausschließlich derb zubereitetes Hammelfleisch, aber auch das genossen sie, weil sie es genießen wollten.

Der Abgesandte der Fürstin verließ sie bald. Ein alter französischer Edelmann, ein Freund der Familie Daidani, übernahm nun ihre Betreuung, die sie dringend brauchten, weil sie mit Sprache und Lebensweise noch nicht vertraut waren.

Sie wurden jetzt häufig von der führenden Gesellschaft in Kutais eingeladen. Man riß sich um die Fremden aus einer so anderen, verfeinerten Welt. Hier lebte man bei den Wohlhabenden derb und fröhlich. An üppigen Tafeln wurde geschlemmt und dazu aus großen Trinkhörnern der schwere Wein der Gegend getrunken. Der Hausherr und die Hausfrau bedienten selber ihre Gäste. Beim Nationaltanz, der »Lesginka«, drehten sich die Männer in ihren bunten Trachten und die Frauen mit wirbelnden weiten Röcken. Das junge Paar fühlte sich in dieser herzlichen Atmosphäre wohl. Der hübsche, charmante Arthur wurde von den Damen angeschwärmt. Ohne Ziererei setzte er sich ans Klavier und spielte selbstkomponierte Walzer, zu denen die Kaukasier tanzten. Berthas und Arthurs gewagtes Abenteuer hatte einen erfreulichen Anfang.

Auch später gestaltete sich dieser neue Lebensbeginn fast wie eine ereignisreiche Vergnügungsreise. Nach einer Woche brachen sie auf, um in einer Troika nach Gordi, zum Bergschloß der Fürstin, zu fahren. Der kleine Wagen wurde von drei flinken Pferden gezogen. Das Land hatte sich wie zu ihren Ehren über und über mit wilden Rosen geschmückt. Ein heißer Wind wehte. Sie lachten und sangen. Am Fluß Pompejus fing Mingrelien an, ein fruchtbarer Küstenstreifen am Schwarzen Meer. Obgleich das Land seit 1857 unter russischer Verwaltung stand, hatten die Fürsten viele Rechte behalten und galten bei der Bevölkerung als Regierende. An einer Brücke empfing sie Fürst Niko mit großem Gefolge, das wie der Chor aus einer Opernszenerie wirkte. Bertha und Arthur verließen ihren kleinen Wagen und wurden wie Staatsgäste zu einem offenen Zelt geleitet. Während sie dort Tee tranken, führten auf dem Platz davor Soldaten in ihren malerischen Trachten wilde Reiterkunststücke auf. Für die Weiterreise erhielt das junge Paar schöne Pferde. Da sie beide reiten konnten, brachte das keine Schwierigkeiten. Der bunte Zug ritt in eine großartige Berglandschaft hinein. Grüne Täler wechselten mit schroffen Felsen und hohen spitzen Gebirgen. Die Luft war, im Gegensatz zur Tiefebene, frisch und kühl und duftete nach Berggräsern.

Am Abend sahen sie auf einem Plateau vor einem steilen Hang das Schloß liegen. Mit seinen zahlreichen Türmen sah es wie eine Zauberburg aus. Auch die Fürstin, die sie vor dem Eingang erwartete, wirkte hier, mit ihrem Leibmohren an der Seite, wie die Gestalt aus einem orientalischen Märchen. Sie umarmte Bertha herzlich und küßte Arthur nach russischer Sitte auf die Stirn. Nach einem üppigen Festessen im Schloß saß man unter einem großen gelben Mond auf der Terrasse. Schwermütige und lustige Chorlieder erklangen abwechselnd mit einer wilden Musik, zu der die Kaukasier gewagte Sprünge und Pirouetten vollführten. Als Höhepunkt sprühte ein Feuerwerk glitzernde Raketen in den Himmel.

In einem hübschen Holzhäuschen neben dem Schloß wurde das junge Paar untergebracht. Es war behaglich eingerichtet. Ein Diener und eine Dienerin standen ihnen während ihres Aufenthaltes zur Verfügung.

Wie ein Traum verging dieser erste Sommer in Gordi, doch einmal mußten sie daraus aufwachen. Im Herbst verließen die Daidanis das Schloß, um in die Stadt zu ziehen. Sicher hätten die beiden Suttners weiter am Hofe der Fürstin bleiben können, aber sie wollten nicht ständig »gern gesehene Gäste« sein. Es war an

4
Doppelleben in Rußland.
Erste Versuche
als Schriftstellerin

der Zeit, sich ein eigenes Leben aufzubauen. Berthas optimistische Idee, die Fürsten könnten Arthur einen Posten am Hofe des Zaren verschaffen, war eine Illusion gewesen. Geld von zu Hause kam nicht. Berthas Mutter konnte ihnen nichts schicken, die Suttner-Eltern wollten noch immer keinen Kontakt mit ihnen haben und hatten selber große finanzielle Schwierigkeiten. Bis jetzt waren Bertha und Arthur immer noch auf Daunen gebettet gewesen, nun aber fing der Alltag mit all seinen Schwierigkeiten für sie an. Sie zogen wieder nach Kutais und mieteten sich dort eine kleine Wohnung. Bertha gab den Töchtern des einheimischen Adels Gesang- und Klavierunterricht, Arthur deutsche Sprachstunden. Davon konnten sie sich nur mühsam ernähren. Da sie beide arbeiteten, ließen sie sich die Hauptmahlzeit aus dem Gasthof bringen. Es war meist das gleiche wenig gewürzte Hammelragout. Für die anderen Mahlzeiten kaufte Arthur nach der Arbeit ein. Mit kindlicher Begeisterung wurde jedesmal gemeinsam ausgepackt, als handele es sich um erlesene Leckerbissen. Beide verstanden es, sich an kleinen Dingen zu freuen und das Beste aus ihrem Leben zu machen. Jede Mahlzeit gestalteten sie zu einem Fest, zogen sich dazu hübsch an und deckten den Tisch. Der kalte Aufschnitt und das Backwerk wurden auf Platten ausgelegt. Die Lieblingsmahlzeit war das Frühstück mit frischen Eiern und Kaffee, die schönste Stunde des Tages der Abend, wenn sie beim Tee aus dem summenden Samowar saßen, Zigaretten rauchten und miteinander plauderten. Sie schufen sich, verspielt wie Kinder, eine neue Sprache der Zärtlichkeiten. Bertha rief Arthur besitzergreifend »Meiner« oder französisch verfremdet »Meuner«, Arthur nannte sie ihres breitflächigen Gesichtes und ihrer wilden Haarmähne wegen »Löwos«. *Es Löwos* heißt eine Erzählung, die Bertha später verfaßte und in der sie das Glück ihrer jungen Ehe schildert. Bezeichnenderweise läßt sie darin den Mann in der Ich-Form von seiner Frau berichten, wohl, weil sie im Unterbewußtsein spürte, daß sie selbst der führende und nach damaligen Begriffen männliche Partner in ihrer Zweisamkeit war. Glücklich waren sie miteinander, obgleich sie jetzt manchmal hungern mußten und sich keine Bediensteten leisten konnten. Eine arme Witwe machte ihnen morgens das Feuer an und fegte ein bißchen aus, zu Mittag brachte eines ihrer Kinder das Essen aus dem Gasthaus. Es ist anzunehmen, daß Bertha, die stets von Hausangestellten verwöhnt worden war, nicht einmal kochen konnte. Sicher war es ein chaotischer Haushalt, weil beide in dieser Beziehung nichts gelernt hatten und wenig praktisch waren. Eine alte Engländerin, die in Kutais lebte, versuchte, etwas Ordnung in das Durcheinander zu bringen. Bertha und Arthur machten sich aber über ihre Vorschläge nur lustig.

1877 begann der Russisch-Türkische Krieg, der sich ganz in ihrer Nähe abspielte. Es ging um die Herrschaft über die Balkanstaaten. Die Gefahr bestand, daß die Türken Kutais erobern könnten.»Ich erinnere mich nicht, daß wir Angst hatten. Auch ein Protestgefühl gegen den Krieg im allgemeinem empfand ich ebensowenig wie in den Jahren 1866 und 1870. Auch der Meine sah in dem eben ausgebrochenen Krieg nur ein Elementarereignis, doch ein solches von besonderer historischer Wichtigkeit. Mittendrin zu stehen, das gibt einem selber einen Abglanz von dieser Wichtigkeit!«

Die Situation war für Bertha und Arthur angenehm erregend. Sie genossen die bunten Truppenaufmärsche und die nationale Hochstimmung. Sie fühlten sich ganz auf seiten der Russen, bestaunten die jungen Männer, die in ihren schmucken Kosakenuniformen in den Kampf zogen und von denen die meisten wilde und geschickte Reiter waren. Sie teilten Essen an durchreisende Soldaten aus, fertigten Verbandsstoffe an und sammelten Gelder, vor allem auf Gartenfesten mit Musik, Tombola und Verkaufsbuden. Auf einem solchen Fest mußte Bertha vor einem Bild ein wenig weinen, das einen verwundeten türkischen Soldaten darstellte, dem eine russische Schwester zu trinken gab. Doch das war nur ein kurzer Augenblick der Betroffenheit. Die Hochstimmung überwog.

Arthur wurde Kriegskorrespondent für die Wiener Zeitung *Neue Freie Presse*. Anfänglich nahm man ihm die Berichte gerne ab, doch schließlich gefiel den Redakteuren seine pro-russische Einstellung nicht mehr. Sie nahmen für die Türkei Partei und lehnten die Artikel ab. Aber erste Honorare waren ins Haus geflattert, was Suttners die Idee eingab, auch durch Schreiben könne man Geld verdienen.

Berthas Mutter und Arthurs Schwestern drängten, die beiden sollten sich der Gefahr, vom Kriege überrollt zu werden, nicht länger aussetzen und heimkehren. Doch konnten sie sich noch nicht vom Kaukasus trennen, auch nicht, als im Nachbarort die Pest ausbrach und es ihnen wirtschaftlich immer schlechter ging. Niemand wollte jetzt Musikunterricht und Sprachstunden nehmen. Endlich wurde im Frühjahr 1878 der Krieg durch den Frieden von St. Stefano beendet. Das siegreiche Rußland konnte sich die Krim einverleiben.

Wenn man sich politisch nicht exponierte, schien Arthur der Schriftstellerberuf relativ krisenfest zu sein. Doch als Broterwerb war er für adelige Familien nicht standesgemäß. Um die Eltern nicht noch mehr zu verärgern, wählte Arthur für seine Artikel das Pseudonym »A. G. Lerei«. Mehr noch als Bertha entzückten ihn die Landschaft und das bunte Volksleben im Kaukasus. Deshalb berichtete er meist davon, anfänglich in Artikeln, später in Erzählungen und Romanen. Sein Stil war leicht und flüssig. Es war keine große Literatur, aber angenehm zu lesen. Wiener Zeitschriften druckten seine Arbeiten gern. Auch eine weitere Begabung konnte er »für Geld« nutzen: Er skizzierte witzige Zeichnungen für die satirische Zeitschrift *Die Fliegenden Blätter.*

Bertha packte der Ehrgeiz, es ihm glcichzutun. Bis auf eine kurze Periode in der Kindheit hatte sie nie an den Schriftstellerberuf gedacht. Nun verfaßte sie ein Feuilleton *Fächer und Schürze,* das zu ihrer Freude gedruckt wurde und ihr zwanzig Gulden einbrachte. Auch sie hatte ein Pseudonym gewählt: »B. Oulot«, durchsichtiger als das von Arthur, denn ihr Spitzname bei den Suttners hieß ihrer Rundlichkeit wegen »Boulotte«.

Doch die geringen Honorare konnten die beiden nicht über Wasser halten. Sie mußten sich zusätzlich andere Beschäftigungen suchen. Der vielseitig talentierte Arthur trat schließlich in Tiflis, wohin sie übergesiedelt waren, in eine Fabrik ein, wo er bald die verschiedensten Arbeiten übernahm. Er zeichnete Tapetenmuster und entwarf Baupläne, obgleich er nie Architektur und Statik studiert hatte. Bald sprach er fließend Georgisch, übernahm die Buchhaltung und überwachte nun auch die Arbeiter. Schon früh um sechs Uhr begann sein Arbeitstag. Zum Schreiben kam er jetzt nicht viel, aber Bertha verfaßte Novellen mit effektvollen Titeln wie *Doras Bekenntnisse* und *Ketten und Verkettungen*. Auch gab sie wieder Musikunterricht. Endlich konnten sie sich einigermaßen ernähren. Während sie am Tage hart arbeitende »Kleinbürger« waren, tauchten sie abends in die »elegante Welt« von Tiflis ein. Für die halborientalischen Adeligen der Stadt brachten die Suttners europäische Kultur in ihre Salons. In »großer Toilette«, die sich Bertha irgendwie in das kärgliche Leben hinübergerettet hatte, dinierten sie bei der führenden Gesellschaft, besuchten üppige russische Teegesellschaften und tanzten auf Bällen – ein seltsames, zweischichtiges Leben, dessen Abenteuerlichkeit sie in vollen Zügen genossen.

Doch Bertha wurde krank, und neben seiner Arbeit mußte Arthur sie nun auch noch pflegen. Wieder bewährte sich beider Eigenschaft, aus jeder Situation das Beste zu machen, denn, wie Bertha schrieb, genossen sie das »Verwöhnen und Verwöhntwerden«. Aber es dauerte Monate, bis Bertha wieder arbeiten konnte.

Eine neue, günstigere Beschäftigung bot sich Arthur an. Prinz Achille Murat und Prinzessin Salome hatten sich in der Nähe der Mingrelischen Hauptstadt Zugdidi niedergelassen und wollten dort ein Landhaus mit Gutsbetrieb aufbauen. Wegen seiner nun erworbenen Kenntnisse beim Bau von Fabrikgebäuden und der Fähigkeit, Arbeiter zu beaufsichtigen, erhielt Arthur dort eine Stelle als »Baumeister« und »Vorarbeiter«. Das Gehalt war noch immer nicht hoch, aber auf dem Lande lebte man billiger. So konnten Suttners ein hübsches, kleines Haus mieten und sich nun ein wirkliches Heim schaffen. Vieles mußte improvisiert werden, aber gerade das machte ihnen Freude. Den »Salon« schmückten sie eigenhändig mit roten Tapeten, selbstgenähten roten Kissen und Decken. In der Mitte des Raumes stand ein großer Tisch, an dem sie sich, wenn Arthur nicht draußen beschäftigt war, gegenübersaßen und schrieben, was beiden immer mehr zum Bedürfnis wurde. Bertha verfaßte Feuilletons, und Arthur begann seinen Roman über den Kaukasus. Abends »lungerten« sie auf der »Tachta«, dem langen und breiten, mit vielen Kissen belegten russischen Divan, rauchten, tranken Tee, studierten und diskutierten. Arthur verstand mehr von Kunst und Literatur als Bertha, doch sie regte ihn zu naturwissenschaftlichen Studien an. Sie lasen zusammen Haeckel und Darwin. Während Arthur die Welt mehr vom Ästhetischen und Geisteswissenschaftlichen her betrachtete, sah Bertha sie eher rational:»Er hat mich gelehrt, die Natur zu genießen, ich habe ihm dazu verholfen, sie zu verstehen.« Beide waren fasziniert von Henry Thomas Buckles *Geschichte der Zivilisation in England,* ein damals vielgelesenes Buch, in dem der Darwinsche Entwicklungsgedanke auf die geistige Entwicklung der Menschheit übertragen wurde. Buckle meinte, naturwissenschaftlich-exakte Gesetze für den Lauf der Geschichte feststellen zu können. Wie viele Zeitgenossen, bestätigte er Bertha und Arthur in dem Glauben, daß sich durch Fortschritt in der Wissenschaft die Menschheit nur zum Besseren entwickeln könne.

Auch Bertha wurde schließlich»am Hofe des Prinzen« angestellt und gab den beiden jungen Söhnen Klavier- und Deutschunterricht. Nun konnten sie sich eine Haushaltshilfe leisten. Zweimal in der Woche dinierten sie in großer Abendtoilette bei den Fürsten, spielten mit ihnen Schach, musizierten und unterhielten sich. Obgleich sie noch immer nicht viel verdienten, waren sie glücklich.»Ein wahres Eden der Übereinstimmung hatten wir erobert mit neuen, weiten, lichten Horizonten.«

Der Kontakt mit daheim riß nicht ab. Sie erhielten viel Post, nun auch von den Suttner-Eltern, die sich endlich mit ihnen ausgesöhnt hatten. Nicht immer waren die Nachrichten erfreulich. Die finanziellen Sorgen in Wien wurden immer bedrohlicher. Schließlich mußte das Stadtpalais aufgegeben werden. Man zog ganz nach Harmannsdorf, das aber auch ständig gefährdet war. Große Trauer brachte die Nachricht, daß Arthurs jüngste, besonders geliebte Schwester an Tuberkulose gestorben war. Als Bertha 1884 vom Tode ihrer Mutter erfuhr, quälte sie ein schlechtes Gewissen, daß sie trotz deren Drängens nicht zur Rückkehr in die Heimat bereit gewesen war.

Nun spielten sie ernsthaft mit dem Gedanken, zurückzukehren, zumal auch die Fürstin von Mingrelien, die für Bertha eine starke Bindung bedeutet hatte, gestorben war. Jetzt hatten Bertha und Arthur berechtigte Hoffnung, in Österreich als Schriftsteller ihr Brot zu verdienen, denn beide waren nicht mehr unbekannt. Von ihnen waren häufig Artikel erschienen, nun auch unter ihren echten Namen, und beide hatten Romane verfaßt, die nicht schlecht verkauft wurden. Berthas erster Roman, 1879 erschienen, hieß *Inventarium einer Seele.* Wie in vielen ihrer literarischen Werke, spielte die Geschichte in der Welt des Adels. Lange Zeit glaubte Bertha, daß der Adel durch Erbe und kulturelle Verfeinerung zur führenden Stellung in der Gesellschaft berufen und verpflichtet sei, vor allem auch verpflichtet, die Wissenschaft voranzubringen, um dadurch die Welt zu bessern. Das verkündet der Held in Berthas Roman immer wieder und will sich sogar mit einem Mann duellieren, der nicht an den Fortschritt glaubt. Denn der Fortschritt scheint ihm, wenn auch erst Generationen später, den Weltfrieden zu bringen.

Noch sind Bertha von Suttners Friedensgedanken vage und verschwommen, mehr vom Gefühl her diktiert als von sachlichen Kenntnissen. Es wird noch Jahre dauern, bis sie sich diese Kenntnisse erworben hat. Den Traum vom Frieden allerdings wird sie nie verlieren.

Kurz bevor sie Rußland verließen, arbeiteten Bertha und Arthur gemeinsam an einer Übersetzung des georgischen Nationalepos *Die Tigerhaut,* einer Geschichte aus der Glanzzeit des Landes im dreizehnten Jahrhundert von Schota Rustaweli. Es war keine leichte Aufgabe, denn sie mußten das Werk nach einer französischen Rohübersetzung in korrektes Französisch und daraus ins Deutsche übertragen. Doch brachte diese Arbeit ihnen das Land, in dem sie neun Jahre lang gelebt hatten, noch einmal nahe. Zwar wurde die Übersetzung nie veröffentlicht, aber später dachten sie oft mit Freude an das gemeinsame Ringen um den Stoff und das Erlebnis dieser alten Kultur.

5

Rückkehr nach Österreich. »Das Wichtige« wird der Frieden

Im Mai 1885 schifften sie sich in Batum ein, um über das Schwarze Meer zu fahren. Der Abschied vom Kaukasus fiel ihnen schwer. Hier hatten sie Freunde gefunden, die ihnen in den ersten schweren Jahren ihres gemeinsamen Lebens halfen, hatten Land und Menschen lieben gelernt und im harten Kampf um die alltäglichen Bedürfnisse neue Maßstäbe für den Sinn des Daseins gefunden. Sie waren gereift.

In Österreich besuchten sie zuerst das Grab von Berthas Mutter in Görz. Dann fuhren sie nach Harmannsdorf. An einem schönen, frischen Maitag kamen sie auf der nahegelegenen Bahnstation Eggenburg an. Vor dem Eingang wartete die »herrschaftliche Equipage« auf sie. Arthurs Glück an dieser Fahrt durch die bekannten Wälder und Felder war groß. Der rote Klee blühte, und unter blauem Himmel zwitscherten die Lerchen. Bertha freute sich über seinen Jubel, doch war ihr wohl etwas bange zumute. Vor der Schloßbrücke hatte sich die ganze Familie versammelt. Der »verlorene Sohn« wurde mit offenen Armen empfangen und auch Bertha, die nun voll und ganz als dazugehörig betrachtet wurde. Das schönste Wohnzimmer des Hauses hatte man für sie vorgesehen.

Es fiel ihnen nicht leicht, sich in das Familienleben einzufügen. Arthur war nicht mehr der verhätschelte jüngste Sohn, Bertha keine gefügige Angestellte. Sie waren zu selbständigen Menschen geworden, die eigene Vorstellungen von der Gestaltung ihres Alltags hatten. Sie waren es gewohnt, viel mit sich allein zu sein, doch wollte man ihnen das nicht zugestehen. Die Eltern beanspruchten sie, die drei im Hause lebenden Schwestern schauten häufig bei ihnen herein wie auch die vierte, die nicht glücklich mit einem Grafen Sizzo in Trient verheiratet und oft zu Besuch war. An jedem Sonnabend, wenn der älteste Bruder, der im Handelsministerium in Wien Sekretär war, mit Frau und Tochter nach Harmannsdorf kam, wurde erwartet, daß die ganze Familie sich im Salon zusammenfand. Häufig besuchten alle gemeinsam den zweiten Bruder, der Gut Stockern, eine halbe Stunde von Harmannsdorf entfernt, bewirtschaftete. Ihre Zweisamkeit mußten sich Bertha und Arthur manchmal erkämpfen. Wie im Kaukasus schrieben sie wieder, einander gegenüber am selben Tisch, studierten und diskutierten dieselben Bücher. Eine umfangreiche Korrespondenz beschäftigte sie, denn schon vom Kaukasus aus hatten sie mit vielen Schriftstellern brieflichen Kontakt aufgenommen. Einer von ihnen war Balduin Groller, der zuerst Berthas Arbeiten unter dem Pseudonym »B. Oulot« kennengelernt hatte. Witzig schilderte er später, wie sich anfänglich ein Briefwechsel zwischen ihnen gestaltete:

»Wir kamen ins Reden miteinander, natürlich brieflich. Wir wurden gar nicht fertig mit dem, was wir uns zu sagen hatten. Wir gerieten bei solchem Gedankenaustausch auf so viele Gesinnungsgemeinschaften in Kunst und Leben, daß es einfach Unsinn gewesen wäre, sich da noch mit gesellschaftlichen Floskeln herumzuschlagen, wir begannen uns als zwei gute Kameraden zu duzen. Bruderherz hin, Bruderherz her...« Bertha spielte hier mit Vergnügen wieder die Rolle eines Mannes, doch als der »Gesinnungsgenosse« schließlich ein wenig derb wurde, entdeckte sie ihm, daß sie eine Frau war. Groller meinte »großzügig«: »Ich habe ihr das weiter nicht übelgenommen, und zu ändern war es auch nicht mehr.«

Die Autoren, mit denen sie korrespondierten, lebten hauptsächlich in München und Berlin. Das Münchner Sprachrohr der jungen Intellektuellen, die für Realismus in der Kunst und Literatur eintraten, war die Zeitschrift *Die Gesellschaft*. Vorbilder waren der Russe Tolstoj und der Franzose Emile Zola mit seinen sozialkritischen Romanen und einem starken politischen Engagement. Für *Die Gesellschaft* schrieb Bertha einen Aufsatz *Wahrheit und Lügen* in Form eines Streitgespräches zwischen Intellektuellen in einem Salon.

In Berlin hatte sich um die Brüder Heinrich und Julius Hart eine zweite Gruppe von Autoren geschart, die sich zum Naturalismus bekannten. Auch hier drang die Politik in die schöne Literatur ein. Die Schriftsteller setzten sich in ihren Werken kritisch mit sozialen Fragen auseinander.

Im Oktober 1885 fuhren Bertha und Arthur zum Schriftstellerkongreß nach Berlin und lernten nun viele ihrer Briefpartner persönlich kennen. Das charmante und gescheite Wiener Paar gefiel und wurde mit offenen Armen aufgenommen.

Bertha genoß nicht nur die interessanten Vorträge, sondern auch das elegante gesellschaftliche Leben, welches in Rußland und auch in Österreich so ganz andere Formen hatte. Erstaunt war sie, daß Frauen in diesem Kreis eine viel freiere Stellung hatten, als sie es gewohnt war. Manche der Schriftstellerinnen wagten sich sogar auf das Rednerpult. »Mir unbegreiflich... wie kann man nur die Courage haben, so öffentlich zu sprechen!« meinte sie und ahnte nicht, daß Reden zu halten später eine ihrer wichtigsten Beschäftigungen sein sollte.

Unter den Autoren, die sie näher kennenlernten, war Friedrich von Bodenstedt, der auch im Kaukasus gelebt hatte und dessen Übersetzungen ins Deutsche ihnen die russischen Schriftsteller Puschkin, Turgenjew und Lermontow nahegebracht hatten.

Daß in diesem Kreise Politik nicht mehr von Dichtung zu trennen war, zeigte das Schicksal des Satirikers Fritz Mauthner, der wegen seines Sonettenzyklus *Die große Revolution* knapp einem Hochverratsprozeß entgangen war. All diese Strömungen gefielen Bertha und kamen ihrem Bedürfnis entgegen, mit ihrer Dichtung ins praktische Leben zu wirken. Doch wie überall auf Kongressen gab es auch hier substanzloses Gerede. Mit kritischem Humor schilderte sie später in ihrem »Schriftstellerroman« das Geschwätz in literarischen Salons.

Erfrischt kehrten sie nach Harmannsdorf zurück. Das Familienleben in diesem Winter war harmonisch, was später nicht immer gelang. Es gab gemütliche Musizier- und Plauderabende und vergnügte Schlittenfahrten. Man ließ den beiden Autoren nun auch genügend Zeit, weil man merkte, daß sie sich in der literarischen Welt Namen machten, vor allem aber, weil beide ohne Zögern ihren Verdienst zur Erhaltung des Gutes einbrachten. Aber immer noch war es zuwenig. Harmannsdorf war ein Faß ohne Boden.

Wieder saßen sich Bertha und Arthur am Tisch gegenüber und schrieben fast krampfhaft fleißig Feuilletons, Kurzgeschichten und Romane. War die eine Arbeit vom Tisch, begannen sie die nächste. Dieses hastige Schreiben konnte keine große Literatur hervorbringen. Doch das lag wohl auch nicht in Berthas Vermögen und war nicht ihr Bedürfnis. Die Liebesgeschichten, die in ihren Büchern fast immer eine Rolle spielten, waren trivial, die handelnden Personen wurden oft zu Klischees. Aber die Gespräche, die sie führten, berührten Zeitprobleme, und Bertha setzte sich mit wacher Vernunft mit diesen auseinander. Im Roman »Vor dem Gewitter« beleuchtet sie die Vor- und Nachteile der Sozialisierung und fordert das Recht des Individuums auf persönliche Freiheit. In anderen Romanen geht es um die Frauenemanzipation, den Tierschutz und den Antisemitismus.

Auf jedes erzählende Beiwerk verzichtete sie in einer umfangreichen Schrift mit dem Titel: *Das Maschinenzeitalter*. Hier schrieb sie alles nieder, was sie im Augenblick bewegte, ihre Gedanken und Sorgen in bezug auf das Leben im allgemeinen und die momentanen herrschenden Strömungen. Da es sich um wissenschaftliche, philosophische und politische Themen handelte, glaubte sie, daß ihr Buch nicht gelesen würde, wenn die Öffentlichkeit erführe, daß es eine Frau geschrieben hatte. Da ihr altes Pseudonym bekannt war, wählte sie ein neues. Doch auch unter dem Autorennamen »Jemand« war es nicht leicht, einen Verleger zu finden. Endlich, im zweiten Winter nach ihrer Rückkehr, erklärte sich der Verlag Schabelitz in der Schweiz bereit, das Manuskript zu veröffentlichen. Sofort nach seinem Erscheinen erregte das Buch Aufsehen wegen seiner Forderungen: Beseitigung von sozialen Ungerechtigkeiten, die vor allem von den herrschenden Klassen ausgehen müßten, Gleichstellung der Frau in der Gesellschaft und genereller Verzicht auf Gewalt. Nur so könnten Revolutionen und Kriege vermieden und Evolutionen Raum gegeben werden.

Überall wurde das Buch diskutiert. Hinter dem Pseudonym »Jemand« vermutete man verschiedene bekannte Schriftsteller. Auch auf einer Abendgesellschaft, bei der die Suttners anwesend waren, wurde über *Das Maschinenzeitalter* gesprochen. Bertha erklärte »unschuldig«, sie wolle sich das Buch besorgen, doch ein Herr rief verweisend aus: »Oh, das ist kein Buch für Damen!« Damals konnte sie noch darüber lachen.

Wegen ihrer Erfolge glaubten Bertha und Arthur berechtigt zu sein, sich einen kleinen »Urlaub von der Arbeit und von der Familie« zu gönnen. Mit einem eben eingetroffenen Romanhonorar in der Tasche fuhren sie nach Paris.

Arthur kannte die Stadt noch nicht und war von ihr begeistert. Wieder lernte Bertha, etwas, das sie genau zu kennen meinte, mit anderen Augen zu sehen. Durch seine Erlebnisfähigkeit entdeckte sie jetzt erst das wahre Paris, das bunte Leben auf den Straßen, die Seinekais mit ihren Bouquinisten, die Parks und kleinen Bistros, die Schätze in den Museen. Sie besuchten Nobel, mit dem Bertha immer korrespondiert hatte. Er verstand sich gut mit Arthur, vor allem auch, weil dieser sich für seine Erfindungen interessierte. Bertha spürte dem großen Wissenschaftler gegenüber die gleiche Vertrautheit wie vor zehn Jahren. Sie fand ihn kaum verändert, nur etwas grauer in Haar und Bart. Sein Haus in der Avenue Malakow war nun mit großem Geschmack eingerichtet, der Empfangssalon in grün, rot das kleine Musikzimmer. Im saalartigen Eßzimmer wurden ihnen exotische Leckerbissen serviert. Der Hausherr selbst ließ sich einfache Speisen bringen. Persönlich lebte er wie ein Asket, liebte es aber, seine Gäste zu verwöhnen. In seinem Arbeitszimmer gab es nichts »Gemütliches«, keine Sofas und tiefen Sessel, nur einen riesigen Schreibtisch und viele Bücher an den Wänden über Wissenschaft, Philosophie und Dichtung. Lord Byron war Nobels Lieblingsdichter. Seitenlang konnte er aus seinen Werken zitieren. Neben dem Arbeitsraum lagen die Laboratorien. Nur wenige Menschen verkehrten bei Nobel. Er war wählerisch und haßte leeres Geschwätz.

Bertha aber liebte die Begegnung mit Menschen. Deshalb führte Nobel Suttners im Salon der Madame Adam ein, wo Künstler und Schriftsteller verkehrten. Man sprach dort über Literatur und Kunst in eleganter, witziger Form, die Bertha irritierte. Früher hatte sie sehr viel Sinn gehabt für eine leichte Konversation, doch jetzt wollte sie sich ernsthafter mit allem auseinandersetzen. Besonders ärgerte sie die oberflächliche Art, mit der die Franzosen über einen eventuellen Krieg gegen Deutschland sprachen und mit nationalistischem Hochgefühl von kommenden Heldentaten schwärmten. »Ich war den Dingen gegenüber nicht mehr so gleichgültig wie in meinen Jugendjahren. Schon haßte ich den Krieg mit Inbrunst – und dieses leichtfertige Tändeln mit seiner Möglichkeit erschien mir ebenso gewissenlos wie urteilslos...«

Sie hatte gelesen, gelernt, erfahren und nachgedacht. Deshalb interessierte es sie auch brennend, als sie von einer *International Peace and Arbitration Association* in London erfuhr, die die Menschen dazu bewegen wollte, gegen Kriege zu protestieren und für politische Streitfragen ein internationales Schiedsgericht zu fordern. Der Gründer und Vorsitzende Hodgen Pratt hatte in Stuttgart, Rom, Mailand, Schweden, Norwegen und Dänemark interessierte Gruppen ins Leben gerufen, schließlich auch in Berlin, wo der berühmte Mediziner Professor Virchow den Vorsitz führte.

Als Bertha nach Hause zurückkehrte, fand sie dort die Druckfahnen zum *Maschinenzeitalter* vor. Nun fügte sie einen Bericht über die Londoner Liga an mit dem Titel *Zukunftsausblicke*.

Berlin, Aufmarsch der Wache Unter den Linden Ende des 19. Jahrhunderts ▶

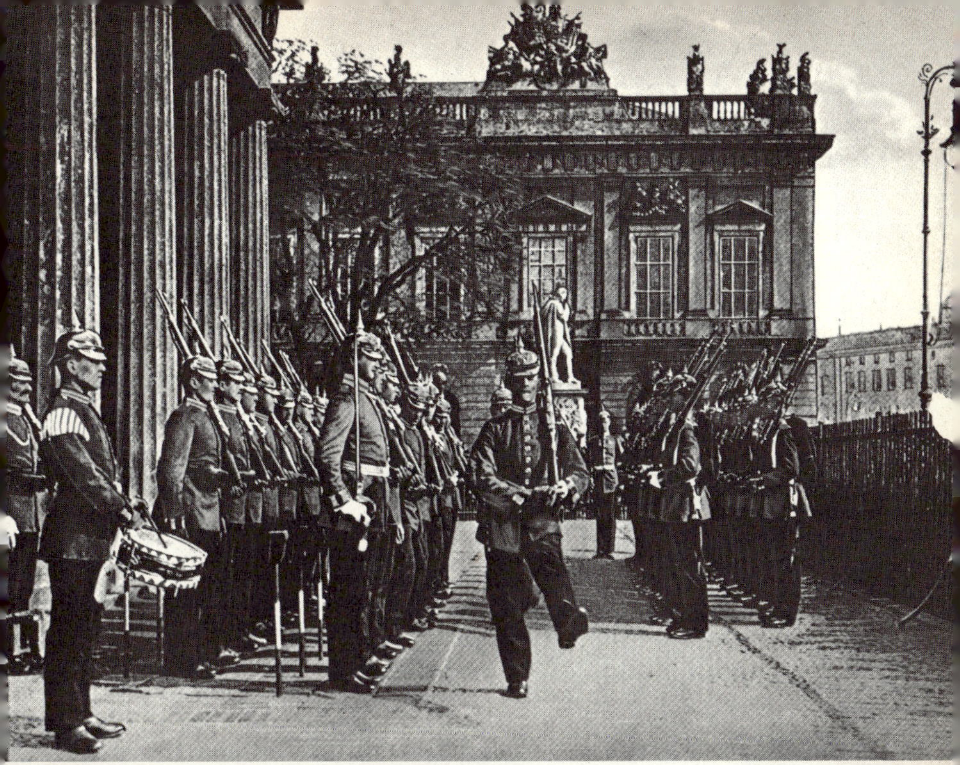

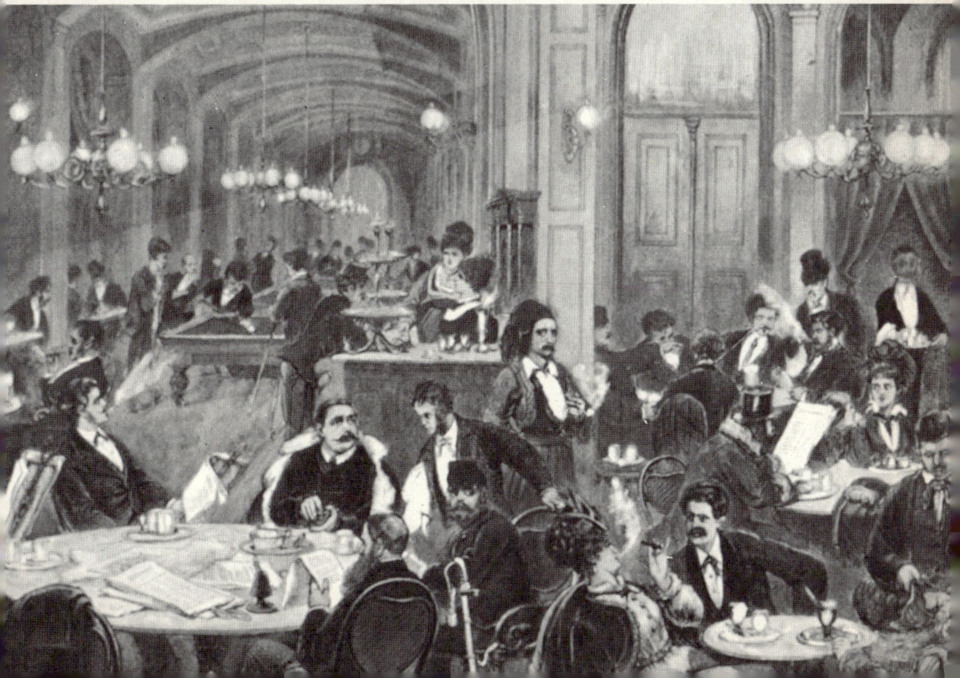

DIE WAFFEN NIEDER!

VON

BERTHA VON SUTTNER

Linke Seite: »Die Waffen nieder!«, Einband des berühmten Romans
von Bertha von Suttner im Jahre 1897. Oben: Einband aus der Jetztzeit

Venedig, Canal grande mit dem Palazzo Dario (zweiter von rechts), den die Suttners 1890/91 mieteten

6

»Die Waffen nieder!«

Die kriegsbegeisterten Gespräche in den Pariser Salons und die Nachricht von der Gründung der Friedensliga ließen Bertha von Suttner nicht ruhen. Sie glaubte zu erkennen, daß Kriege durchaus nicht unvermeidbar waren, keine »Naturereignisse«, sondern die Frucht von Egoismus und Dummheit der Menschen.

Nicht nur den Politikern, sondern Männern und Frauen aller Bevölkerungsschichten mußte man klarmachen, daß nur Vernunft und Toleranz nötig waren, um die Völker von dem gegenseitigen Morden abzuhalten. »Am wirksamsten, so dachte ich, konnte ich das in Form einer Erzählung tun. Dafür würde ich sicherlich ein größeres Publikum finden als für eine Abhandlung. In Abhandlungen kann man nur abstrakte Verstandesgründe legen, kann philosophieren, argumentieren und dessertieren; aber ich wollte anderes: ich wollte nicht nur, was ich dachte, sondern was ich fühlte... in mein Buch legen können.«

Sie begann zu recherchieren, las die Kriegsberichte in alten Zeitungen, die sie in ihrer Jugend überblättert hatte, studierte Heeresberichte und Geschichtsbücher, interviewte Menschen, die Kampfhandlungen miterlebt hatten, ehemalige Soldaten, Offiziere und die Schwägerin auf Gut Stokkern, die im Kriege 1866 auf ihrem Familiengut durch Cholera, von preußischer Einquartierung eingeschleppt, ihre ganze Familie verloren hatte. Sie war die einzige Überlebende gewesen.

Bertha hörte den Berichten aufmerksam zu, las gründlich die einschlägige Literatur und füllte schließlich das Fehlende mit Hilfe ihrer Phantasie auf. Es war bald, als hätte sie das Entsetzliche selber erlebt, und es drängte sie, das alles in einem Roman aufzuzeichnen. Sie gab ihm den Titel *Die Waffen nieder!,* ein Wort, das so zündend war, daß es zum Mahnruf der Friedensbewegung wurde. Daß das Buch später der größte Bestseller der Weltgeschichte werden sollte, konnte Bertha damals nicht ahnen.

Der Roman ist leicht und flüssig geschrieben, aber ohne hohen literarischen Anspruch. Martha, die Heldin, zeigt viele autobiographische Züge der Autorin. Wie Bertha es war, ist sie in ihrer Jugend ein hübsches, etwas überspanntes Mädchen aus adeligen Kreisen. Ihr Traum ist, sich als eine Art Jeanne d'Arc für das Vaterland zu opfern. Die Mutter stirbt früh, und Martha lebt mit dem Vater, einem alten Offizier, einem Bruder und zwei Schwestern auf einem Gut in Niederösterreich. An ihrem achtzehnten Geburtstag heiratet sie einen hübschen, jungen Offizier, der kurz darauf im Österreichisch-Italienischen Krieg fällt. Erst in ihrer zweiten Ehe mit einem etwas älteren Oberstleutnant findet sie die wahre große Liebe. Friedrich, ihr Mann, ist nur widerwillig Offizier geworden und kann die Militärbegeisterung von Marthas Vater nicht teilen. Doch muß er 1864 in den Krieg des Deutschen Bundes gegen Dänemark einrücken und schildert Martha in seinen Briefen die entsetzlichen Eindrücke, die er im Felde erfährt.

So trivial Bertha von Suttner Marthas Liebesgeschichte schildert – ihr Stil wird diszipliniert und von höherem Niveau, wenn sie die handelnden Personen Kriegs- und Friedens-Fragen diskutieren läßt. Von ungewöhnlicher Kraßheit aber sind ihre Schilderungen der Szenen auf dem Schlachtfeld. Friedrich schreibt an Martha:

»Das Gemetzel dauerte über zwei Stunden, und wir behaupteten... das Feld. Der geschlagene Feind entfloh. Wir verfolgten ihn nicht... Das Begraben der Toten bleibt auf morgen früh. Dabei werden natürlich wieder einige Lebendige verscharrt, denn der Starrkrampf nach Verwundung ist eine häufige Erscheinung. Manche, die drüben geblieben, ob tot oder verletzt, oder auch unverletzt, werden wir ganz zurücklassen müssen; diejenigen nämlich, welche unter den Trümmern der eingestürzten Häuser liegen. Die können dann hier, wenn sie tot sind, langsam vermodern, wenn verwundet, langsam verbluten, und wenn unversehrt – langsam verhungern. Und wir – hurra! können weiterziehen, in unsern frischen, fröhlichen Krieg...«

Friedrich kehrt aus dem Felde zurück. Die Familie, nun mit zwei Kindern, ersehnt sich ein friedliches Glück. Doch bald kommt es zu neuen internationalen Konflikten. Preußen und Österreich rüsten. Einprägsam läßt Bertha in einem Gespräch die Eheleute formulieren:»Meine Rüstung ist die defensive, deine Rüstung ist die offensive, ich muß rüsten, weil du rüstest, weil du rüstest, rüste ich. Also rüsten wir beide!«

1866 muß Friedrich als österreichischer Offizier gegen die Preußen in den Kampf ziehen, obgleich ein Teil seiner Familie aus Berlin stammt. So wird er auf dem Schlachtfeld auch seinem Vetter gegenüberstehen. Martha sucht schließlich im Kampfgebiet ihren verwundeten Mann. Wieder sind grausam realistische Szenen eingefügt. Martha ist all dem Furchtbaren nicht gewachsen. Zu schwach, um zu helfen, fährt sie heim. Doch vergessen wird sie, was sie sah, nie.

Friedrich kehrt verwundet zurück. In neuen Schreckensbildern wird geschildert, wie Marthas Familie auf dem väterlichen Gut an von preußischer Einquartierung eingeschleppter Cholera stirbt. Nur Martha selber, ihr Mann und ihre Kinder überleben. Friedrich nimmt seinen Abschied. Er und Martha glauben, daß sie nun nie wieder in Kriege verwickelt werden, aber 1870 halten sie sich zu Kriegsbeginn zufällig in Paris auf, und Friedrich wird dort, seiner preußischen Familie wegen, als vermeintlicher Agent erschossen. Martha muß für ihre beiden Kinder weiterleben. Sie schreibt in ihr Tagebuch ein »Friedensprotokoll«:

»Das einzige Wort, welches noch imstande wäre, das dem Ruin entgegenrüstende Europa zu erlösen – heißt: ›Die Waffen nieder!‹ Allerorts – in England und Frankreich, in Italien, in den nordischen Ländern, in Deutschland, in der Schweiz, in Amerika – haben sich Vereinigungen gebildet, deren Zweck es ist, durch den Zwang der öffentlichen Meinung, durch den gebieterischen Druck des Volkswillens die Regierungen zu bewegen, ihre zukünftigen Streitigkeiten einem – durch sie selber vertretenen – internationalen Schiedsgericht zu übermitteln und so ein für allemal an Stelle der rohen Gewalt *das* Recht einzusetzen ...«

Da Bertha von Suttner viel in Zeitschriften veröffentlicht hatte, glaubte sie, daß man dort den Roman abdrucken würde. Doch irrte sie. Es war ein zu heißes Eisen, das sie angefaßt hatte.

Man schrieb ihr: »Gnädige Frau! Mit Bedauern sehen wir uns veranlaßt, Ihnen das ... Manuskript zurückzuschicken. Große Kreise unserer Leser würden sich durch den Inhalt verletzt fühlen.« Sie selber faßte die vielen, immer ähnlichen Absagen kurz zusammen: »Trotz aller ... Vorzüge aber ist es ausgeschlossen, daß der Roman in einem Militärstaat veröffentlicht werde.«

Nun beschloß sie, das Manuskript gleich als Buch herauszugeben, und schickte es an ihren Verleger Pierson nach Dresden. Auch der zögerte. Ende des neunzehnten Jahrhunderts war es in Deutschland zu einer Verschärfung der Zensur gekommen. Alle Schriften, die sich kritisch über Handlungen und Vorhaben des Staates äußerten, wurden verboten. Pierson riet Bertha, das Manuskript einem erfahrenen Politiker zur Durchsicht zu geben, der alles das streichen sollte, was Anstoß erregen könnte. Sie antwortete empört:»...eine solche Arbeit, die, was immer ihr Wert oder ihr Unwert ist, doch das eine Verdienst hat, heiß empfunden und *rückhaltslos aufrichtig* zu sein, auf diplomatisch-opportunistische Weise zustutzen zu lassen, sie nach den Regeln jener verächtlichsten aller Künste – nämlich der Kunst es allen recht zu machen – umzumodeln: nein, da lieber in den Ofen damit!«

Pierson wollte nun wenigstens den Titel geändert haben, aber auch darauf ging Bertha nicht ein. Mit bangem Zögern ließ sich der Verleger schließlich von ihr zum Druck überreden. Er hat es nie bereut.

Bertha von Suttner hatte in diesem Buch Meinungen ausgesprochen, die in der Luft lagen, aber bis jetzt noch nicht für alle verständlich formuliert worden waren. Sie hatte einen bloßliegenden Nerv getroffen: die Angst vor einem neuen Krieg. Sofort wurde das Buch ein großer Erfolg. Es erschien 1889 in tausend Exemplaren, für die die Autorin 1000 Mark erhielt. Doch Schlag auf Schlag mußten neue Auflagen gedruckt werden. Begeisterung und Empörung schäumten auf. Auch die, welche voller Abwehr reagierten, fanden, man müsse das Buch gelesen haben. Bertha erhielt zahllose Briefe, darunter viele von berühmten Zeitgenossen.

Leo Tolstoj schrieb:

»Madame! Ich war im Begriff, Ihren Roman ›Die Waffen nieder!‹ zu lesen, den mir Herr Boulgakoff zugeschickt hatte, als ich Ihren Brief empfing. Ich schätze Ihr Werk sehr und halte die Veröffentlichung Ihres Romanes für ein glückliches Vorzeichen.

Der Abschaffung der Sklaverei ging das berühmte Buch einer Frau voraus, der Mrs. Beecher-Stowe; Gott gebe, daß die Abschaffung des Krieges durch das Ihre geschehe. Ich glaube nicht, daß der Schiedsspruch ein wirksames Mittel ist, um den Krieg zu verhindern. Ich bin dabei, eine Arbeit für diesen Gegenstand zu beenden, in der ich von dem einzigen Mittel spreche, das nach meiner Meinung Kriege unmöglich machen kann. Mittlerweile

Strassnitz, 25. Juli 896.

Hochverehrte Frau Baronin.

[handschriftlicher Brieftext, überwiegend unleserlich]

Teil aus dem Brief einer bewundernden Leserin von »Die Waffen nieder!« an Bertha

werden alle Anstrengungen, die von aufrichtiger Menschenliebe eingegeben sind, Früchte tragen…«

Der große Dichter stieß sich nicht an der für seine Verhältnisse trivialen Form des Buches. Sein Vergleich mit *Onkel Toms Hütte* zeigt, daß er dem Roman gerade dadurch eine größere Breitenwirkung zutraute, denn auch das Buch der Harriet Beecher-Stowe ist keine große Literatur.

Der österreichische Dichter Peter Rosegger schrieb, er habe den Roman in zwei Tagen in einem Zuge durchgelesen:»Dieses Buch ist eine Tat! Es war ein Ereignis in meinem Leben.« Er blieb von nun an Bertha von Suttners treuer Gefolgsmann.

Der Freund Nobel:»Verehrte Baronin und Freundin! Ich habe soeben die Lektüre Ihres bewunderungswürdigen Buches beendet. Man sagt, es gibt zweitausend Sprachen – 1999 zuviel –, aber gewiß gibt es nicht eine, in die Ihr kostbares Werk nicht übersetzt, in der es nicht gelesen und durchdacht werden sollte. Wie lange haben Sie gebraucht, um dieses Wunderwerk zu verfassen? Verraten Sie es mir, wenn ich die Ehre und das Glück haben werde, Ihnen die Hand zu drücken – die Hand einer Amazone, die so heldenmütig dem Krieg den Krieg erklärt hat. Doch Sie haben unrecht, wenn Sie rufen ›Die Waffen nieder!‹, denn Sie selber gebrauchen sie ja, und da es Ihre Waffen sind, der Zauber Ihres Stils und die Größe Ihrer Ideen – reichen sie weiter und werden sie stets weiter reichen als Gewehre,… Geschütze und all die anderen Werkzeuge der Hölle.«

Die Galanterie, mit der Nobel Berthas Stil bewunderte, ist übertrieben, aber daß es mutig war, dieses Buch zu schreiben, trifft zu. In bösartigen Artikeln und meist anonymen Briefen – sie erhielt davon allein einhundertsiebenundfünfzig – wurde sie verflucht und geschmäht. Da sprach man von »rührseliger Albernheit« und »aufdringlicher, unkünstlerischer Tendenzmacherei«, man nannte das Buch »ein gänzlich verfehltes Machwerk« und »eine Verunglimpfung des Heldentums«.

Der Königsberger Juraprofessor Felix Dahn, der in seinem pathetischen Heldenepos über die Goten *Der Kampf um Rom* ein mystisch-völkisches Bewußtsein propagierte und eine Männerwelt darstellte, in der Mut vor dem Feind, Tapferkeit und Heldentum als größte Tugenden gerühmt werden, schrieb nach der Lektüre von *Die Waffen nieder!*:

An die weiblichen und männlichen Waffenscheuen:
Die Waffen hoch! Das Schwert ist Mannes eigen.
Wo Männer fechten, hat das Weib zu schweigen,
Doch freilich, Männer gibt's in diesen Tagen,
Die sollten lieber Unterröcke tragen.

Ein Professor aus Graz mahnte Bertha:»Ihre Moralpredigt ist eigentlich eine Anklage gegen den lieben Herrgott, der die Welt so erschaffen hat. Ja, wenn Sie *den* rühren könnten, daß er sein Werk in zweiter, verbesserter Ausgabe herausgäbe, das wäre freilich ein Erfolg!« Da war sie wieder, die alte Theorie von der Naturgegebenheit des Krieges!

All die Schmähungen und Verunglimpfungen gingen für Bertha in der Flut der positiven Stimmen unter. Besonders berührte sie, daß das Buch in der praktischen Politik Einfluß gewann. Wilhelm Liebknecht publizierte den Roman in seiner Zeitschrift *Vorwärts*. Bertha verzichtete auf das angebotene Honorar von dreihundert Mark mit der Begründung, auch die SPD habe in ihrem Programm das Ziel, den internationalen Frieden zu schaffen. Für die gute Sache wollte sie nichts kassieren. Wieder war sie innerlich einen Schritt weiter gelangt, indem sie die Verwirklichung ihrer Ideen nicht mehr nur von den»oberen Gesellschaftsschichten« abhängig glaubte.

Ein Triumph war es für sie, als im April 1891 in einer Debatte über das Militärbudget im österreichischen Reichsrat der Finanzminister ausrief:»Es ist kürzlich ein Buch erschienen, ›Die Waffen nieder!‹. – Ich kann den Herren nur raten, der Lektüre dieses Romanes einige Stunden zu widmen; wer dann noch Vorliebe für den Krieg hat, den könnte ich bedauern.«

Nobels Wunsch erfüllte sich. Das Buch *Die Waffen nieder!* wurde in zwölf Sprachen übertragen, erschien auch in Amerika und Rußland, dort in fünf verschiedenen Übersetzungen. Hier hatte es wohl überhaupt, außer in Österreich und Deutschland, die größte Wirkung.

7

Riviera – Venedig – Wien.
Präsidentin
der Oesterreichischen
Friedensgesellschaft

Bertha von Suttner hatte geglaubt, daß auch dieses Buch nur eine Stufe in ihrem Schriftstellerleben bedeuten würde, doch brachte es sie auf ganz neue Wege. Durch die Vorarbeiten war ihr Interesse an Politik mehr und mehr erwacht. Sie las jetzt viele verschiedene Zeitungen, diskutierte mit Arthur die Weltlage und verkehrte in Wiener Kreisen von politisch denkenden und handelnden Menschen. Dort lernte sie auch Theodor Herzl, den Begründer des politischen Zionismus kennen. Die Idee von einem jüdischen Staat, den er in Israel schaffen wollte, faszinierte sie, wie auch sein sprühender Witz und seine Erscheinung. Er habe einen Kopf wie ein assyrischer König, meinte sie. Immer wurde sie von attraktiven Menschen angezogen.

Sie beschäftigte sich mit den Problemen des Judentums, den Ideen der Sozialdemokraten, Fragen der Frauenemanzipation. Am meisten interessierte sie aber alles, was die Friedensbewegung betraf. Während der Weltausstellung 1889 in Paris fand dort ein Friedenskongreß statt, auf dem die Institution der Interparlamentarischen Konferenzen geschaffen wurde. Parlamentarier wollten durch persönliche Fühlungnahmen versuchen, internationale Streitigkeiten zu vermeiden. Die Konferenzen sollten von nun an jedes Jahr tagen. Bertha empfand das als großen Sieg ihrer Sache. Aber noch betrachtete sie sich selber nur als eine anteilnehmende Zuschauerin.

Der große Erfolg ihres Buches zeigte sich auch im Finanziellen und rettete Harmannsdorf wieder einmal. Etwas Geld blieb sogar für Bertha und Arthur übrig, um der Familie eine Zeitlang zu entfliehen. Anfang 1889 machten sie eine kleine Vergnügungsreise an die Riviera nach Mentone. Wieder war der empfindsame Arthur berauscht von der Landschaft, den überschäumenden Blüten, den Felsenriffen und dem Meer. Bertha freute sich an seiner Freude und sah durch seine Begeisterung alles mit anderen Augen als früher. Da die Reisekasse trotz des literarischen Erfolges schmal war, mieden sie bei ihren Besuchen in Monte Carlo, Nizza und Cannes das mondäne Leben. Auch machte Bertha einen weiten Bogen um die Spielsäle. Die Leidenschaft der Mutter hatte sie nicht geerbt. Ein Schatten fiel über die heiteren Tage durch die Nachricht, daß der sensible, liberale österreichische Kronprinz Rudolf zusammen mit seiner Geliebten anscheinend den Freitod gewählt hatte. Die Bindung der Suttners an das Kaiserhaus war noch stark.

Das größte Erlebnis dieser Reise war ein Aufenthalt in Venedig. Arthur konnte nicht genug davon bekommen, durch die engen Gäßchen und über schmale Brücken zu schlendern, in Gondeln an alten, in Schönheit zerbrökkelnden Palästen vorüberzutreiben, die melodischen Ausrufe der Gondolieri im Ohr. Sein Entzücken war so groß, daß sie sich entschlossen, den Winter 1890/91 ganz in Venedig zu verbringen. Durch die Einkünfte aus Berthas Roman standen die Mittel zur Verfügung, den *Palazzo Dario,* einen kleinen, nach lombardischem Muster mit Säulen und bunten Keramikornamenten versehenen Palast zu mieten. Wieder einmal schien es eine Operettenwelt zu sein, in die sie eintauchten. In den im altvenezianischen Stil eingerichteten Räumen versorgten sie eine dunkellockige »Kammerzofe«, eine Köchin und ein »Kammerdiener«, der gleichzeitig die fest gemietete Gondel bediente. Doch arbeiteten sie an den Vormittagen fleißig. Erzählungen und Romane entstanden, die zum Teil in der eleganten Gesellschaft der Riviera spielen. Am Nachmittag fuhren sie in ihrer Gondel zu einem der alten Palazzi zu Besuch. Eine russische Bekannte, die Fürstin Tamara von Georgien, die ihre beiden Töchter in die europäische »Gesellschaft« einführen wollte, lud Suttners zu immer neuen Festen, wie auch eine Jugendfreundin Berthas, Marietta Saibante, die mit dem Marchese Benjamino Pandolfini verheiratet war.

Eines Nachmittags erhielten sie Besuch von einem Herrn Felix Moscheles. Als Arthur ihm öffnete und sich vorstellte, rief der Besucher erstaunt aus: »Aber wurden Sie denn nicht in Paris erschossen?!« Er hatte *Die Waffen nieder!* so sehr als Autobiographie genommen, daß er Arthur mit dem Helden des Buches verwechselte.

Felix war der Sohn des berühmten Komponisten Ignaz Moscheles und ein Patenkind Felix Mendelssohn-Bartholdys. Er war Maler und Schriftsteller und der Vizepräsident der Londoner *International Peace and Arbitration Association,* obgleich deren Mitglieder meist dem Adel angehörten oder kirchliche Würdenträger waren. Aus diesen Kreisen kam in ganz Europa hauptsächlich der Impuls zu einer Friedensbewegung.

Felix Moscheles berichtete, daß er, auf einer Ägyptenreise erkrankt, längere Zeit hätte das Bett hüten müssen. Als einziger Lesestoff stand ihm ein Buch zur Verfügung, nach dem er nur widerwillig griff, weil er nicht gern Romane las. Doch mehr und mehr fühlte er sich bei der Lektüre von *Die Waffen nieder!* gepackt und beschloß, auf seiner Rückreise die Autorin zu besuchen. Nur zu diesem Zweck wollte er über Österreich fahren. Bei einem Zwischenaufenthalt in Venedig erfuhr er zu seiner Freude, daß Bertha den Palazzo direkt gegenüber von seinem Hotel bewohnte. Aus dieser Begegnung entwickelte sich eine herzliche Freundschaft. Suttners führten Moscheles beim Marchese Pandolfini ein. Auf einem der prächtigen Feste dort, wo sich die vornehme venezianische Gesellschaft in spiegelgeschmückten Sälen unter Kronleuchtern im Tanz drehte und an Tischen von Silberschüsseln tafelte, fand in einem der Hinterzimmer eine wichtige Konferenz statt. In einer langen Unterredung zwischen Pandolfini, Moscheles und den Suttners wurde die Gründung einer Friedensgesellschaft in Venedig beschlossen. Es war die erste politische Aktion Berthas.

Die Reaktion der Kreise, in denen sie verkehrten, war enttäuschend. Zwar sprach man in den Salons darüber, aber ungläubig und herablassend. Wieder wurde der Krieg als naturnotwendig bezeichnet und besonders von den Frauen der Heldentod als höchste Erfüllung des Lebens gerühmt. Bertha versuchte ohne viel Erfolg, ihnen klarzumachen, daß es wichtiger sei für das Vaterland zu leben als dafür zu sterben.

Auf der Rückfahrt nach Harmannsdorf machten sie in Wien Station. Bertha berichtete dort befreundeten Intellektuellen und Politikern von der Gründung der venezianischen Liga. Hier hörte man ihr mit Interesse zu, aber auch mit großer Skepsis. Noch erschienen diese Ideen allzu romantisch, um sie je verwirklichen zu können.

Bertha veröffentlichte in der Wiener *Neuen Freien Presse* einen Artikel, in dem sie von der Londoner und der Venezianischen Liga berichtete und für die Bildung einer österreichischen Friedensgruppe warb. Sie schrieb: »Die Dinge stehen so: Millionenheere – in zwei Lager geteilt, waffenklirrend – harren nur eines Winkes, um aufeinander loszustürzen; aber in der gegenseitigen, zitternden Angst vor der unermeßlichen Furchtbarkeit des

drohenden Ausbruchs liegt einigermaßen Gewähr für dessen Verzöge-
rung.

Hinausschieben ist jedoch nicht Aufheben. Die sogenannten ›Segnungen‹
des Friedens, welche das *bewaffnete Angstsystem* zu erhalten strebt, die
werden uns immer nur von Jahr zu Jahr garantiert, immer nur als ›hoffentlich‹ noch einige Zeit vorhaltend hingestellt. Von der Abschaffung des
Krieges, von gänzlicher Aufhebung des Gewaltprinzips, davon wollen die
zur Aufrechterhaltung des Friedens waffenbrüderlich verbundenen Gewal-
ten nichts wissen ... Was ist das aber für ein unnatürlich Ding, welches nicht
aufhören und nicht anfangen, nicht verneint und nicht bejaht werden darf?
Ein ewiges Vorbereiten auf das, was durch die Vorbereitung vermieden
werden soll, zugleich ein Vermeiden dessen, was durch die Vermeidung
vorbereitet wird? Dieses Widerspruchsmonstrum erklärt sich so: Jenes Ge-
bilde aus historischen Zeiten, welches man noch aufrechterhalten will: die
gebietsverschiebende, machtverleihende, nur einen Bruchteil der Bevölkerung in Anspruch nehmende ›frische und fröhliche‹ Kriegführung, die ist
inzwischen im Entwicklungsgang der Kultur zur moralischen und physischen Unmöglichkeit geworden ...«

Ähnlich wie bei der Veröffentlichung ihres Romanes war auch jetzt das
Echo groß. Bertha erhielt Hunderte von Briefen, kritische, skeptische,
aber mehr noch zustimmende. Ein reicher Fabrikant aus Böhmen schickte
ihr zur praktischen Verwirklichung ihrer Ideen eine Tausendguldennote,
die Bertha sofort dem Komitee für den geplanten Weltfriedenskongreß in
Rom zusandte. Aus der Fülle von Zuschriften wählte Bertha diejenigen
aus, deren Verfasser ihr von der Stellung und vom Intellekt her geeignet zu
sein schienen, trat mit ihnen in Verbindung und bewog sie, an der Gründung einer *Österreichischen Friedensgruppe* mitzuwirken.

Ein Lokal war der Sitzungsort. Ein Schriftführer wurde benannt, und man
entschloß sich, mindestens zweimal in Monat zu tagen. Nachdem die
Gruppe vom Zentralkomitee in London anerkannt worden war, stand am
18. Oktober 1891 in allen Zeitungen Wiens, daß sich die österreichische
Abteilung der Londoner Assoziation angeschlossen hatte. Es hieß in dem
Artikel:

»Der Verein wird kein politischer sein, denn der Zweck: ›die Förderung
des Prinzips eines dauernden Völkerfriedens‹ ist ein rein humanitärer ...

Es handelt sich bei uns nur um das eine: Die Erkenntnis und die Verbreitung des einfachen Grundsatzes: ›daß die menschliche Gesellschaft – ob als Individuen oder als Gruppen von Individuen, genannt Nationen – die Begründung ihrer wahren Wohlfahrt in der Vereinigung, nicht in der Entzweiung; in gegenseitigem Zusammenwirken, nicht in gegenseitiger Feindschaft zu suchen hat.‹

Parteipolitische Ideen würden bei der Gründung von Friedensvereinen keine Rolle spielen, wurde erklärt, Menschen aller Stände und Gruppen sollten daran teilnehmen können. Arbeiter, Bürger und Adelige, Sozialisten und Monarchisten, Freidenker und kirchlich Gebundene, Männer und Frauen würden um das gleiche Ziel kämpfen. Durch Veröffentlichungen in der Presse, Vorträge und Kundgebungen sollte für die Idee des Friedens geworben werden. Kontakte zwischen den Friedensvereinen in anderen Ländern waren vorgesehen.

Die entschiedene Betonung, daß der Verein kein politischer sei, hatte seinen Grund. Auch Frauen sollten daran mitwirken können, denen damals gesetzlich noch jede politische Tätigkeit verboten war und die nicht einmal wählen durften.

Bei der Gründung der österreichischen Friedensgesellschaft schrieben sich 2000 Mitglieder ein. Im Komitee saßen Politiker, Schriftsteller und viele Adelige. Der Motor des Ganzen war Bertha von Suttner. Sie wurde zur Präsidentin gewählt. Trotz gegenteiliger Behauptung stand sie nun mitten im aktiven politischen Leben.

Durch Briefe versuchte sie, weitere berühmte Zeitgenossen für ihre Sache zu begeistern, weil sie sich dadurch große Werbewirkung versprach.

Sie schrieb an den Dichter Conrad Ferdinand Meyer, der ihr antwortete: »Aus innerster Überzeugung erkläre ich mich mit den Zielen jeder Friedensliga einverstanden, in gehorsamer Verehrung unseres erhabenen Meisters aus Nazareth. Hier hat sein Schüler, unser lieber Leo Tolstoj, unwiderleglich recht. Nur glaube ich, daß wir Leute unseres Berufes mehr noch durch unsere langsam, aber sicher durchsickernden Schriften als durch vereinliche Tätigkeit (die aber natürlich auch einen Wert hat), für die gute und große Sache ausrichten können. Davon haben Sie selber ein leuchtendes Beispiel gegeben.«

Der Naturphilosoph Ernst Haeckel, ein Verfechter der Abstammungslehre

Darwins, dessen Werke Bertha und Arthur gemeinsam studiert hatten, schrieb:

»Hochgeehrte gnädige Frau!

Hoffentlich treffen Sie diese Zeilen noch in Wien mit der Versicherung, daß ich die Zwecke der ›Internationalen Friedens- und Schiedsgerichts-Assoziation‹ vollkommen billige und gern bereit bin, derselben beizutreten. Obwohl ich mit Heraklit glaube, daß der Kampf der Vater aller Dinge ist, hoffe und wünsche ich doch von ganzem Herzen, daß der veredelte Mitbewerb um die höchsten Kulturgüter den wilden und rohen Rassenkampf oder den blutigen Völkerkrieg verdrängen werde, der gegenwärtig noch wie im Mittelalter das größte Elend über die ›hochzivilisierten‹ Nationen der Gegenwart bringt.

Möge der Friedenskongreß in Rom am 9. November vom besten Erfolg begleitet sein!«

Beide Briefe zeigen, daß auch bei wohlwollender Betrachtung der Friedensarbeit die Skepsis daran meist überwog.

Neben der Arbeit für die Friedensliga waren beide Suttners wieder gezwungen, für den Lebensunterhalt und das Gut, das nie auf sicheren Füßen stand, Geld zu erwerben, indem sie schrieben. Arthur, dem das Rußlanderlebnis immer noch nachging, verfaßte kaukasische Erzählungen unter dem Titel *Schamyl*, Bertha den Roman *Vor dem Gewitter*. Wie immer fügte sie in die erzählende Handlung allgemeine Themen, die sie gerade beschäftigten, ein: neben der Friedensidee Fragen der Standesunterschiede und der sozialen Gerechtigkeit.

Es war wohl das Bedürfnis, gegen Berthas Leistungen in der Friedensbewegung etwas eigenes setzen zu müssen, was Arthur bewog, einen Verein zur Abwehr des Antisemitismus zu gründen, aber sicher auch echte Empörung. Schon Anfang der achtziger Jahre hatten die Suttners im Kaukasus vom Aufleben des Antisemitismus in Preußen gehört, wo der Hofprediger Stoecker in Berlin von der Kanzel herab gegen die Juden predigte. Beide Suttners wollten sich damals gegen diesen »Rückfall ins Mittelalter« mit Artikeln in Wiener Zeitungen äußern. Sie erhielten die Manuskripte mit der Begründung zurück, daß es in Österreich keinen Antisemitismus gäbe. Man zöge gegen die Ideen in Preußen ein verächtliches Stillschweigen vor. Nach ihrer Rückkehr aus Rußland mußten Bertha und Arthur feststellen, daß nun auch in Österreich antisemitische Umtriebe zu bemerken waren. Rowdies warfen jüdischen Familien Fenster ein und riefen Morddrohungen, alte Juden wurden auf der Straße niedergeschlagen, ein Schuljunge stieß einem jüdischen Klassenkameraden ein Messer ins Auge. Arthur schrieb Artikel dagegen und beschloß, einflußreiche Leute zu gemeinsamem Protest zu werben. Es gelang ihm, den Grafen Hoyos und den Großindustriellen Baron Leitenberger dafür zu interessieren. Sie gründeten einen Verein. Nach Aufrufen in der Presse schlossen sich mehrere hundert Personen an. Wieder warb man um Menschen aus allen Gesellschaftsschichten.

Allerdings wurde jetzt erst klar, wie groß die Zahl der Antisemiten war. Führende Politiker behaupteten, in Österreich würde das Großkapital hauptsächlich von Juden vertreten, die widerrechtlich zu ihrem Vermögen gekommen seien. Der brave kleine Mann würde durch die Juden zugrunde gerichtet. Ein Abgeordneter im Parlament äußerte sich in scharfer Form gegen den neugegründeten Verein und behauptete, dieser bekämpfe die Antisemiten in äußerst gehässiger Form. Deshalb wagten viele Österreicher nicht, dem Verein beizutreten, fürchteten auch, »Judenknechte« genannt zu werden.

Ein weiterer Grund, daß die Sache nicht recht voranging, war wohl auch der, daß der zarte, sensible Arthur in der Öffentlichkeit nicht die gleiche Ausstrahlung hatte wie Bertha.

Im November 1891 fand der Weltfriedenskongreß in Rom statt, der dritte und bedeutendste. Kurz nacheinander tagten die Interparlamentarische Konferenz und der Kongreß der Privatfriedensgesellschaften. Die Interparlamentarische Union bestand aus Parlamentariern verschiedener Staaten, die durch

8

Der 3. Weltfriedenskongreß in Rom. Die erste öffentliche Rede auf dem Kapitol

gegenseitige Fühlungnahme und persönliche Kontakte eine friedliche Beilegung zwischenstaatlicher Streitigkeiten erreichen wollten. Als höhere Ziele wurden die Abrüstung, ein übernationales Schiedsgericht und schließlich ein Staatenbund geplant.

Die *privaten* Friedensgesellschaften wollten durch Aufklärung der Bevölkerung und Appelle an die Mächtigen die Arbeit der Politiker unterstützen.

Als Präsidentin der österreichischen Gruppe wurde Bertha von Suttner zusammen mit Arthur delegiert, die Wiener Liga in Rom zu vertreten. Noch empfand sie es als »Frechheit«, daß sie, die anscheinend unpolitische Frau, an einem solchen Kongreß teilnehmen wollte. In Wahrheit hatte sie mehr Sachkenntnisse erworben als mancher in Rom auftretende Mann. Arthur kannte die italienische Hauptstadt noch nicht. Die Hinreise war erfüllt von Spannung und freudiger Aufregung. In Rom wohnten sie im Hotel »Quirinal«. Bei ihrer Ankunft begegneten sie gleich in der Eingangshalle einem mächtigen alten Mann mit weißem Schnurrbart, einem ehemaligen General. Bertha stellte beglückt fest: »Ein ›ergrauter Krieger‹ als Kriegsgegner – ein gutes Omen!«

Das Hotel war von den »Friedensleuten« belegt, und sie trafen hier viele alte Freunde, auch solche, mit denen sie bis jetzt nur korrespondiert hatten. Es gab ein Wiedersehen mit dem Freund Felix Moscheles, den seine Schwester Grete, eine Malerin, begleitete. Bertha schloß die selbstbewußte, elegante und witzige junge Frau gleich in ihr Herz. Es tat ihr wohl, hier mit Frauen zusammenzutreffen, die sich nicht nur für Haus, Kinder und gesellschaftliches Leben interessierten. Der Stil solcher Kongresse war damals noch sehr aufwendig, was Bertha in vollen Zügen genoß. Sie verlor nie ihre Freude an aparten Toiletten und schönem Schmuck. Verwundert stellte sie fest, daß die kostbar gekleidete Grete trotzdem eine begeisterte Sozialistin war.

Ein wenig fühlte sich Bertha bei all den Diners, Soireen und Privatempfängen in ihre Mädchenzeit versetzt. Die Eleganz war die gleiche, die Gespräche aber völlig andere. Es gab keinen Smalltalk, selten einen Flirt, man hatte wichtigere Dinge zu besprechen. Die 48jährige Bertha sah immer noch attraktiv, stattlich und gepflegt aus. Sie machte an der Seite ihres jüngeren Mannes eine gute Figur. Ihr Charme und ihre Liebenswürdigkeit wurden gerühmt, und oft gelang es ihr damit, Gegensätze zwischen Kongreßteilnehmern zu überbrücken. So in einem Konflikt zu Beginn des Kongresses, der wegen der Elsaß-Frage entstand.

Nach dem Deutsch-Französischen Krieg war 1871 das Elsaß zu Deutschland gekommen. Obgleich die Proteste der Einwohner überwogen, waren sie nicht gefragt worden. Die vorwiegend französisch empfindende Bevölkerung litt unter dem preußischen Geist der deutschen Verwaltung. Ein »Diktaturparagraph« ermächtigte den deutschen Statthalter, bei Gefahr von Aufruhr harte Maßnahmen zu treffen. Die Elsässer Franzosen fühlten sich unterdrückt, und auch in Frankreich selbst flammte der Revanche-Gedanke wieder auf. Der Italiener Ruggero Bonghi, der den Vorsitz des Friedenskongresses übernehmen sollte, hatte kurz vor dessen Eröffnung in einer Zeitschrift einen Artikel veröffentlicht, in dem er Sympathie für die Franzosen in der Elsaß-Lothringen-Frage bekundete. Einige der Teilnehmer wollten absagen, am Kongreß teilzunehmen, weil sie glaubten, Bonghi befürworte mit dieser Ansicht einen Krieg zwischen Deutschland und Frankreich. Andere forderten, daß die Elsaß-Frage öffentlich im Kongreß verhandelt werden sollte. Es zeigte sich nun, wie schwer es den Teilnehmern fiel, sich von den eigenen nationalen Belangen frei zu machen.

In geheimen Konferenzen wurde in den Hotelzimmern der Teilnehmer die Lage besprochen. Es war hauptsächlich Bertha von Suttners diplomatischem Geschick zu verdanken, daß man sich schließlich einigte. Die Elsaß-Lothringen-Frage wurde nicht auf das Tagungsprogramm gesetzt, vor allem auch, weil man den deutschen Delegierten ersparen wollte, sich gegen einen Krieg zwischen Deutschland und Frankreich erklären zu müssen, was ihnen zu dieser Zeit daheim hätte Schwierigkeiten bringen können. Profes-

Bertha von Suttner, Präsidentin der
Oesterreichischen Friedensgesellschaft

Der Verleger Alfred Hermann Fried,
Mitbegründer der Deutschen Friedensgesellschaft in Berlin

Franz Joseph I., Kaiser von Österreich

Karikatur »Wiener Fahnenmütter« aus der Zeitschrift »Der Floh« 1895

Wereschtschagin, »Apotheose des Krieges«, Gemälde

Henry Dunant, Begründer des Roten Kreuzes

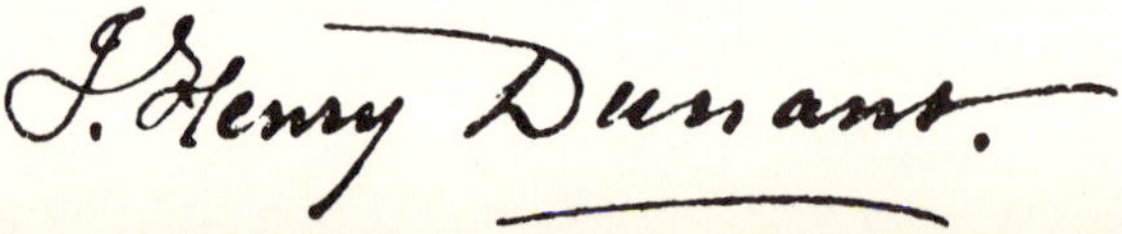

J. Henry Dunant.

sor Ruggero Bonghi, ein begabter Journalist und Wissenschaftler, der in Rom das Völkerkundemuseum gegründet hatte und sehr engagiert für die Friedenssache war, wurde schließlich doch zum Präsidenten des Kongresses gewählt.

Die Eröffnungssitzung fand im Senatorenpalast auf dem Kapitol statt. Bei Marschmusik aus Wagners Lohengrin stiegen die Delegierten in feierlicher Prozession zwischen einem Spalier von Gardesoldaten in Gala die Treppen zum schönen von Michelangelo angelegten Platz mit der antiken Reiterstatue des Mark Aurel und weiter in den Sitzungssaal hinauf, der wie ein Amphitheater gebaut war. Bunt leuchteten die Fahnen aller Teilnehmernationen. Vorn in der ersten Reihe standen »kurulische Stühle«, Lehnsessel aus der Antike, in denen einst Kaiser und Senatoren gethront hatten. Die Suttners nahmen neben anderen Delegierten dort Platz. Es war ein stolzes Gefühl für Bertha, daß sie als Frau hier so geehrt wurde. Doch stand ihr noch eine Aufregung bevor. Nach dem Engländer Hodgson Pratt sollte Bertha ihre erste große Rede halten.

»Lampenfieber... das war ein Zustand, an dem ich ja im Leben krampfhaft gelitten hatte... und jetzt sollte ich – zum ersten Mal im Leben – auf einem Weltkongreß, in Anwesenheit von Staatsmännern, in so feierlicher Versammlung, an solchem Ort – das Kapitol! – eine öffentliche Rede halten, deren Wortlaut von Zeitungskorrespondenten aller Länder stenographiert und hinaustelegraphiert würde.«

Doch diesmal merkte sie, ganz im Gegensatz zu den längst vergangenen Schülerkonzerten, nichts vom Lampenfieber. Sie dachte nicht daran, wie sie wirken und ob sie versagen würde, sondern allein an die Sache, daran, »eine bestimmte und frohe Nachricht« mitteilen zu müssen. Die Freude darüber ergriff sie und hob sie über Angst und Befangenheit hinweg. Sie sprach ruhig, aber mit Feuer und Begeisterung. Der Beifall war stürmisch. Wieder war Bertha einen Schritt weiter gelangt. Sie wußte, daß sie von nun an nicht mehr nur beobachten und beschreiben würde, sondern immer neu auf Rednertribünen stehen und die Menschen beschwören mußte, am Kampf um den Frieden teilzunehmen. »Und wieder erfüllte mein Leben und Trachten ein Etwas, das ich als ›das Wichtige‹ erkannte.«

Nach Ende ihrer Ansprache strahlte sie vor Erleichterung und Stolz, mehr noch, als sie erfuhr, daß sie die erste Frau der Weltgeschichte war, die auf dem Kapitol geredet hatte. Das galt fast als ein Sakrileg. So bemerkte ein Reporter in einer römischen Zeitung ironisch, daß es nicht das erste Mal gewesen sei, daß an diesem Ort jemand aus der »Schwesternschaft« geschnattert habe, obgleich es diesmal gar nicht um das Kapitol gegangen wäre. 378 v. Chr. hatten die Tempelgänse der Göttin Juno durch ihr Schnattern das römische Kapitol vor der Zerstörung gerettet...

Das Echo auf diesen Kongreß war in aller Welt groß. In den meisten Ländern brachten die Zeitungen ständig Berichte von seinem Verlauf. Bei der Abschlußveranstaltung mahnte Bonghi:

»Halten wir fest im Auge das heilige Ziel, welches wir uns gesetzt haben; arbeiten wir mit solchem Feuereifer, als hinge dessen Erreichung allein von uns ab und als könnten wir schon morgen dahin gelangen. Wenn andere uns hindern, so ist's nicht unsere Schuld. Verlachen wir jene, die unser spotten, und bedauern wir jene, die uns nicht verstehen...«

Mit wachem Sinn und klarem Kopf hatte Bertha am Kongreß teilgenommen. Trotz ihrer Begeisterung blieb sie stets kritisch. So erkannte sie, daß die Kongreßleitung und die einzelnen Gruppen noch unbeholfen gearbeitet hatten, daß man dazulernen müßte und, wie sie meinte, es auch könnte.

Einer der wichtigsten Erfolge des Kongresses war, daß in Bern ein Zentralbüro für die Friedensarbeit und damit für ein permanentes Schiedsgericht eröffnet wurde. Bertha spendete sofort einen höheren Betrag dafür, den sie sich leisten konnte, weil sie für den Abdruck ihres Romanes *Die Waffen nieder!* in einer römischen Zeitung 1500 Franken erhalten hatte.

Von Rom aus fuhren Suttners nach Neapel und Pompeji, genossen die Schönheiten der Landschaft und durchstreiften die durch den Vesuvausbruch verschüttete Stadt. In ihrer Erlebnisfreudigkeit blieben sie stets wie Kinder.

In Harmannsdorf warteten neue Sorgen auf sie. Man war dort wieder einmal in Geldnöten. Der früher so ertragreiche Steinbruch brachte kaum noch etwas ein. Verwalter und Direktoren wechselten ständig, wurden wohl auch vom alten Suttner nicht richtig behandelt. Solange alles einigermaßen lief, kümmerte

9

Immer wieder Sorgen um das Gut Harmannsdorf. Lesungen in Berlin

sich die Familie wenig darum, woher das Geld kam, das sie verbrauchte. Bertha meinte, die Suttners hätten »eine Dosis Leichtsinn in sich«. Immer wieder ging man auch geschäftliche Wagnisse ein, die dann mißglückten. Oft waren die Einkünfte von Bertha und Arthur die einzig solide Basis, auf der das Gut immer noch erhalten werden konnte. Die einst nur mit Vorbehalten angenommene Schwiegertochter gab nun großzügig den Hauptteil ihrer Honorare für Harmannsdorf hin. Doch um die nie enden wollenden Forderungen erfüllen zu können, waren Bertha und Arthur gezwungen, rasch und immer neu literarische Arbeiten zu produzieren, was der Qualität ihrer Werke sicher schadete. Beide kamen über den Stil der Trivialliteratur nie recht hinaus, obgleich, besonders in Berthas Romanen, viele kluge Gedanken ausgesprochen wurden. Noch heute besitzen ihre Ansichten über den Antisemitismus, die Frauenemanzipation, Tierversuche und anderes Aktualität.

Neue Belastungen für die Familie gab es, als der Mann von Arthurs ältester Schwester, Graf Sizzo, plötzlich starb. Der Verlust war für die junge Frau nicht allzu groß, weil sich die Eheleute schon seit langem auseinandergelebt hatten. Aber die Witwe zog nun ganz nach Harmannsdorf. Schwerwiegender war der Tod von Arthurs ältestem Bruder Karl an Lungenentzündung. Dessen sechzehnjährige Tochter kam nun auch zu den Großeltern. Am engsten schloß sich das Mädchen ihrem »Onkel Arthur« an, den sie innig liebte und der ihr den Vater ersetzen mußte. Zwischen den vielen so verschiedenen Menschen, die auf dem Gut zusammenwohnten, gab es oft Spannungen.

Am harmonischsten lebte der zweite Bruder Richard mit seiner Familie auf

Gut Stockern. Seine Frau Pauline, die er zärtlich »das Weib« nannte, während sie ihn »Igel« rief, und seine fünf Kinder brachten Leben und Fröhlichkeit in das Haus. Immer waren Gäste da, und auch die Harmannsdorfer kamen gern zu Besuch. Heitere Geburtstagsfeste fanden dort statt, Jagden, Picknicks und Erntefeste. Man spielte Theater. Arthur verfaßte »in blutigen Knüttelversen« ein Stück und komponierte Musik dazu, in dem Bertha als Kleopatra auftrat. Die Nichten umgaben sie als leichtgeschürzte Sklavinnen, die jungen Männer wurden zu waffenklirrenden antiken Soldaten. Kein Wunder, daß die beiden dort beliebt waren, der hübsche, charmante Arthur, der von den Nichten angeschwärmt wurde, und die ihrer Rundlichkeit wegen »Tante Boulette« genannte Bertha, die immer zum Lachen bereit war. In Stockern herrschte stets Frohsinn.

In Harmannsdorf dagegen war das Leben oft durch Familienstreitigkeiten und finanzielle Sorgen belastet. Aber nichts konnte Berthas und Arthurs harmonische Zweisamkeit ernstlich stören. Sie hatten denselben Lebensrhythmus, interessierten sich für die gleichen Dinge, lachten über dasselbe und liebten sich von Herzen. Fraglos war Bertha die Führende in der Ehe, doch der jüngere und weichere Arthur nahm klaglos hin, daß sie in der Öffentlichkeit immer mehr hervortrat, und zog sich bescheiden in den Hintergrund zurück.

Ihr größtes Fest war der Hochzeitstag am 12. Juni. Ganz früh am Morgen schlüpften sie jedesmal aus dem Hause, stiegen in die Eisenbahn und fuhren ins Blaue. An irgendeinem hübschen Ort stiegen sie aus, wanderten über die Felder und durch den Wald, aßen später in einem Landgasthof zu Mittag, suchten sich zur Siesta ein sonniges Plätzchen, wo sie ausruhten und »Zwiesprache« hielten. »Immer noch war unser Gesprächsstoff nicht erschöpft – von Jahr zu Jahr wurde er reicher.« Bertha nannte ihr Zusammenleben ein »Filigranglück« und meinte, nur weil sie wüßten, wie schön das Leben sein könnte, fänden sie es notwendig, auch für die übrigen Menschen ein von Kriegen und Not ungestörtes Dasein zu erstreben.

Schon seit einiger Zeit korrespondierte Bertha mit einem jungen Verleger in Berlin, Alfred Hermann Fried, einem gebürtigen Wiener. Als sechzehnjähriger Schüler war er zum Pazifisten geworden, nachdem er die grausam realistischen Schlachtenbilder des russischen Malers Wereschtschagin gesehen hatte. Auch Bertha von Suttners Buch *Die Waffen nieder!* hatte ihn später beeinflußt. Als engagierter Kriegsgegner publizierte er seit 1891 für die Friedensbewegung und schlug Bertha vor, in seinem Verlag eine Zeitschrift mit dem Titel *Die Waffen nieder!* herauszugeben. Sie sollte Aufsätze und kulturelle Berichte aus der Friedensarbeit bringen. Bertha stimmte zu.

Fried vermittelte Bertha 1892 eine Einladung des *Vereins Berliner Presse,* in Berlin aus ihrem Roman *Die Waffen nieder!* zu lesen. Der achtundzwanzigjährige Verleger holte sie vom Bahnhof ab. Sie fand ihn »ganz Feuer und Flamme für die Friedenssache«. Er hatte den Kopf voller Ideen und wollte gleich alles auf einmal in Bewegung setzen.

Der Saal, in dem die Lesung stattfand, war schon lange vorher ausverkauft. Sogar Kaiserin Viktoria, die Witwe des verstorbenen Friedrich III., die kultiviert und vielseitig interessiert war, hatte an der Veranstaltung teilnehmen wollen, wurde aber durch das Begräbnis ihres Schwagers daran gehindert. Als Bertha eintrat, wurde sie mit Beifall begrüßt. Gebannt durch ihre starke Ausstrahlung, hörte das Publikum ihrer Lesung zu. Ihre gepflegte Erscheinung gefiel, wie auch das ausdrucksvolle Gesicht mit dem vollen Mund und den großen Augen. Sie las ruhig, im leichten Wiener Dialekt, und vermied jede eitle Pose. Manchmal sprach sie fast zu leise, doch brach sie plötzlich leidenschaftlich aus, wenn es sich darum handelte, den Krieg zu verdammen. Stets merkten die Zuhörer, daß es ihr nicht um einen persönlichen Triumph, sondern allein um die Sache ging. Sie war begabt, vorzutragen, und verstand es, ihr Publikum zu fesseln. Die Presse reagierte vorwiegend positiv auf die Lesung. Das *Berliner Tageblatt* schrieb: »Es ist vielleicht der stärkste und sichtbarste Beweis für die veränderte Stellung, welche die Frau gegen früher im modernen Leben einnimmt, daß in einer Frage eine Frau sich mit an die Spitze derer stellt, welche nur einen Kampf anerkennen: den Kampf für den Völkerfrieden... eine Frau ist es, die in unseren Tagen unter der weißen Fahne des Friedens die Waffen der Vernunft und des Herzens führt gegen Eisen und Stahl, gegen Pulver und Blei. Die Ruferin im Streit für den Weltfrieden, Frau Baronin Bertha von Suttner, weilt in diesen Tagen in Berlin, und aller Augen sind auf sie gerichtet... Wenn heute vor allem zahllose Frauen den Namen Bertha Suttners mit Ehrfurcht nennen, so ist es nicht, weil diese plötzlich das heißersehnte

Allheilmittel gegen den männermordenden Krieg gefunden und dem ›Muß‹ dieses, wie es heißt, notwendigen Übels ein hoffnungsvolles ›Vorbei‹ ersonnen hätte, so geschieht es nur darum, weil Frau von Suttner ausgesprochen und mit heißer Beredsamkeit ausgesprochen hat, was hilflos auf tausend Lippen lag und ohne Gestalt in tausend Herzen schlummerte. Daß diese Frau nicht ihrem Jahrhundert voraus ist, sondern den Finger mutig in die Wunde von heute gelegt hat, das hat sie mit dem schönen Nimbus der Volkstümlichkeit bekleidet...«

Auch die ablehnenden und kritischen Pressestimmen tönten nicht allzu rauh, betonten meist, es handle sich hier um einen schönen Traum. In Preußen, dieser Hochburg des Militarismus, war Berthas Erfolg ein großer Sieg. Daß allerdings in den höchsten Kreisen ihre Ansichten nicht uneingeschränkt gebilligt wurden, erfuhr sie, als sie bat, der Kaiserin Viktoria, die sie sehr verehrte, vorgestellt zu werden. Die Witwe des Kaisers Friedrich lehnte mit Bedauern ab, »aus Vorsicht«, wie sie erklärte. Ihre liberalen Ansichten wurden von ihrem ganz in militaristisch-monarchistischer Tradition lebenden Sohn Kaiser Wilhelm II. scharf verurteilt.

Es ging Bertha stets am meisten um die Sache, doch konnte sie auch den persönlichen Triumph genießen, den sie bei einem Ehrenbankett erlebte. Bedeutende Leute aus dem öffentlichen Berliner Leben waren erschienen, Künstler, Verleger, Politiker. Sogar der Vizepräsident des Reichstags nahm teil. Doch neben aller Freude an Trinksprüchen, Reden, an üppig gedeckter Tafel mit Blumen, Kristall und Kerzen, am exquisiten Diner vergaß sie nicht, sich für die Sache einzusetzen, indem sie für eine Gründung einer Berliner Friedensgesellschaft warb.

Vom Bankett berichtete das *Berliner Tageblatt:* »So kann denn das Fest, welches zu Ehren einer einzelnen geplant wurde, als ein Glied in der Kette von Erscheinungen betrachtet werden, mittels welcher die erleuchteten Geister des Jahrhunderts die kulturellen Interessen der Menschheit auszubauen versuchen.«

Hier konnte Bertha endlich Moritz von Egidy kennenlernen, mit dem sie schon seit längerem einen anregenden Briefwechsel führte. Als Oberstleutnant der preußischen Armee hatte er ein Flugblatt mit dem Titel *Ernste Gedanken* veröffentlicht. Darin forderte er Frieden als »Voraussetzung für einen Zustand wirklicher Gesittung«. Gleichzeitig setzte er sich für ein

Höchstmaß an persönlicher Freiheit ein. Er meinte, weder Staat noch Kirche könnten den Menschen Ideen und Glaubenssätze aufdrängen. Der Staat habe aber dafür zu sorgen, daß jeder Mensch materiell gesichert sei, was man erreichen könnte durch einen sozialen Ausgleich, wenn man dafür sorge, daß es keine sehr Reichen und sehr Armen im Volk gäbe. Ein preußischer Offizier mit so revolutionären Ideen war untragbar. Egidy mußte den Abschied nehmen. Er gründete die *Ethische Gesellschaft in Berlin,* die seine Forderungen vertrat. In Österreich waren seine Schriften verboten, doch durch persönliche Berichte von Freunden und einen Briefwechsel mit Egidy war Bertha orientiert und bewunderte den mutigen Mann. Besonders in bezug auf den Frieden kamen seine Ideen den ihren nahe. Als sie Egidy gegenüberstand, fand sie, der kleine, drahtige Mann mit strengem Gesicht und dickem Schnauzbart sähe immer noch wie ein preußischer Husarenoffizier aus. Doch die freundlichen blauen Augen straften »das Martialische« Lügen. Er war ein unwandelbarer Optimist, glaubte, daß das »Kulturbewußtsein« der Menschen in den letzten Jahren entscheidend gewachsen sei, sie sich klar wären, daß Kriege als überholt gelten müßten und damit der Weltfrieden dicht vor der Tür stehe. Bertha war Realistin und konnte diesen Ansichten nur mit Skepsis begegnen. Doch freundete sie sich mit dem warmherzigen, humorvollen Mann sehr an und besuchte ihn auch in seinem Heim, in dem er mit seiner Frau und zehn Kindern ein vergnügtes Leben führte.

Von Berlin wurde ein Ausflug nach Hamburg unternommen. Man besuchte das Theater und machte eine Bootsfahrt auf der Elbe. Bei einem Teeabend im Hotel traf Bertha mit führenden deutschen Schriftstellern zusammen, so dem damals erfolgreichsten deutschen Dramatiker Otto Ernst, der außerdem durch sein Buch »Appelschnut« einer der ersten bedeutenden Kinderbuchautoren war. Besonders beeindruckte Bertha in diesem Kreis Detlev Freiherr von Liliencron. Dem bekannten Lyriker hatte sie einst Arbeiten von sich selbst und Arthur zugeschickt. Er hatte sie vom Stil und Inhalt sehr positiv beurteilt, gab aber zu: »In politischer Beziehung bin ich sehr konservativ.« Bei dieser persönlichen Begegnung ließ er ihr gegenüber seinen ritterlichen Charme spielen, und Bertha notierte danach, er sei »Kein Pazifist allerdings; im Gegenteil ein schneidiger, wildfrischer Kriegsmann – darum jedoch nicht minder bewundert von mir.« Er war ein Mensch aus ihrer alten feudalen Welt, der sie trotz allem eine gewisse Zuneigung bewahrt hatte. Liliencron äußerte sich ihr gegenüber auch anerkennend über ihre Aktivitäten. Sie wußte nicht, daß er sich in anderen Kreisen über ihre »Friedenssentimentalität« lustig machte. Neben zarter Naturlyrik schrieb er Gedichte, in denen er eine betont männliche Sprache führte und Soldaten- und Junkertum verherrlichte.

Nur wenige deutsche Intellektuelle stimmten Bertha von Suttners Ideen bedingungslos zu. So schrieb der Schriftsteller Paul Heyse, der Novellen im klassisch-romantischen Stil verfaßte: »Verehrte Frau Baronin! Bedarf es einer ausdrücklichen Versicherung, daß ich den Zwecken und Zielen der Friedensliga die wärmste Anteilnahme zolle? Und doch, da ich der Überzeugung bin, daß die von Leidenschaft und Instinkten mehr als von Vernunft und Liebe regierte Menschheit, wenn sie diesen Zielen nicht ewig fern bleibt, sich nur in jahrhundertelanger Kulturarbeit ihnen nähern wird, widerstrebt es mir, fromme Wünsche, die sich für eine edlere humane Minderheit von selbst verstehen, in feierlichen Protesten auszusprechen, von denen ich keinen praktischen Erfolg zu hoffen vermag. Solange die europäische Gesittung noch immer von halbasiatischer Barbarei bedroht ist, die sich niemals einem Schiedsspruch unterwerfen, sondern nur Gewalt weichen wird, halte ich das Ceterum censeo solcher Kongresse sogar für eine Gefahr, wie alles, was unsere im Interesse des Weltfriedens unentbehrliche Wehrhaftigkeit beeinträchtigt...«

Abgesehen vom Stil meint man fast, dieser Brief sei heute und nicht schon vor neunzig Jahren geschrieben!

Die Deutschen taten sich schwer mit der Friedensbewegung. Die Berliner Gruppe konnte sich vorerst nicht zusammenfinden.

10

Im Sommer 1892 besuchten Suttners den vierten Weltfriedenskongreß in Bern. Bertha schrieb
später: »›Der Meine‹ genoß in
vollen Zügen… ich erinnere
mich dabei aller genossenen Na-
tur- und Kunstschönheiten nur
durch das Medium der Freude,
die er daraus schöpfte…« Ihre
Gedanken waren wohl mehr mit

**Arbeit
als Friedenspolitikerin.
Gefeiert und verlacht**

den Ereignissen des Kongresses beschäftigt. Bertha hatte den liberalen
österreichischen Abgeordneten Fürst Camillo Starhemberg gebeten, daran
teilzunehmen und möglichst noch andere führende Politiker Österreichs
mitzubringen. Doch Starhemberg konnte schließlich, angeblich aus gesundheitlichen Gründen, nicht kommen und berichtete, daß die Politiker,
die er angesprochen hatte, höflich aber kühl, manchmal auch ironisch abge-
lehnt hätten. Er schrieb: »…jeder Gedanke einer derartigen Friedensbewegung wird geradezu gedeutet, als wenn Feigheit dahinterstecken würde…«
Doch mit den Freunden gab es für Suttners ein freudiges Wiedersehen. Sie
gehörten zum inneren Zirkel. Auf ihrer Hotelterrasse mit einem herrlichen
Blick auf die Berge traf man sich zu inoffiziellen Frühstücken und langen
Aussprachen. Der Kongreß tagte im großen Saal des Bundesrates Bern. Er
war stets voll besetzt. Der Schweizer Louis Ruchonnet führte den Vorsitz.
Während der Eröffnungsveranstaltung gab es einen unerfreulichen Auftritt. Der polnische Abgeordnete erklärte, auch Polen erstrebe den Frieden, aber erst, wenn die Teilung des Vaterlandes beseitigt worden sei. Verschiedene Kongreßteilnehmer entgegneten ihm stürmisch. Die Presse
schlachtete den Vorfall aus und behauptete, die Delegierten seien sich äußerst uneins. Die Kongreßleitung dementierte entschieden.
Der Engländer Capper, der Italiener Moneta und Bertha von Suttner stellten einen Antrag, in dem es hieß: »In Erwägung, daß der durch den bewaff-
neten Frieden hervorgebrachte Schaden sowie die ganz Europa stets bedro-
hende Gefahr eines großen Krieges ihren Grund in dem Zustande der
Rechtlosigkeit haben, in welchem die verschiedenen Staaten Europas ein-

ander gegenüberstehen; in Erwägung, daß ein europäischer Staatenbund, welcher auch im Interesse der Handelsbeziehungen aller Länder wünschenswert wäre – diesen Zustand der Rechtlosigkeit beseitigen und dauernde Rechtsverhältnisse in Europa schaffen würde; in Erwägung endlich, daß ein solcher Staatenbund Unabhängigkeit der einzelnen Nationen hinsichtlich ihrer inneren Angelegenheiten, daher auch ihrer Regierungsformen in nichts beeinträchtigen würde:

ladet der Kongreß die europäischen Friedensvereine und ihre Anhänger ein, als höchstes Ziel ihrer Propaganda einen Staatenbund auf Grundlage der Solidarität ihrer Interessen anzustreben. Er ladet ferner alle Gesellschaften der Welt ein, namentlich zur Zeit politischer Wahlen auf die Notwendigkeit eines dauernden Völkerkongresses hinzuweisen, welchem jede internationale Frage zu unterbreiten wäre, damit jeder Konflikt durch Gesetz, nicht durch Gewalt seine Erledigung finde.«

Hatte man sich bisher hauptsächlich auf die Forderungen nach Schiedsgericht und Abrüstung beschränkt, ist hier die Notwendigkeit eines Staatenbundes erstmals artikuliert.

Bertha hatte auch Alfred Nobel zum Kongreß eingeladen, aber keine Antwort erhalten. Sie wußte, daß Nobel, obgleich er schon öfter Gelder gespendet hatte, der Friedenssache im Grunde skeptisch gegenüberstand. Seine Überzeugung war nach wie vor, daß man mit extrem schrecklichen Waffen Kriege verhindern könne, ja, er wünschte, selber eine Waffe zu erfinden, die so fürchterlich war, daß kein Staat den Mut hätte, sie einzusetzen. Er schrieb an Bertha: »Meine Fabriken werden vielleicht dem Krieg noch früher ein Ende machen als Ihre Kongresse: An dem Tag, da zwei Armeekorps sich gegenseitig in einer Sekunde werden vernichten können, werden wohl alle zivilisierten Nationen zurückschaudern und ihre Truppen verabschieden.«

In unserer Zeit hatte man den traurigen »Mut«, solche Waffen einzusetzen. Und noch immer glauben viele Politiker an den Sinn der Abschreckung.

Schließlich besuchte Nobel doch den Kongreß. Eines Vormittags, als die Suttners zusammen mit Gästen auf ihrer Veranda saßen, wurde Bertha in den Salon gebeten. Dort stand Nobel, der fast schüchtern meinte: »Sie haben mich gerufen, hier bin ich. Aber sozusagen inkognito...«

Bertha freute sich. Obgleich Nobel weiter Skepsis an der Friedensarbeit äußerte, meinte sie zu spüren, daß er seine Zweifel durch sie gerne beseitigt hätte. Während des Kongresses zog er sich scheu zurück. Als Suttners ihn aber danach in Zürich besuchten, zeigte er ein ganz anderes Gesicht. Er hatte sie im vornehmen Hotel »Baur au Lac« untergebracht und genoß es, »seine kleine Schwester«, wie er Bertha manchmal brieflich nannte, und ihren liebenswürdigen Mann um sich zu haben. Er lud sie zu Spazierfahrten auf dem See in seinem blitzenden Aluminiumschiffchen ein und war stolz auf das nette »Spielzeug«, das mit einem kleinen Petroleumofen fuhr und nur einen einzigen Maschinisten benötigte. Bei diesen Fahrten zeigte der Mann, der so grausames Kriegsmaterial erfunden hatte, seine weiche, romantische Seite. Der sensible Lyriker trat zutage, der mit den Suttners zusammen die Schönheiten der Welt bewunderte und von der Sehnsucht sprach, diese nicht durch Kriege zerstören zu lassen. In ihrer Hochstimmung beschlossen Bertha und Nobel, zusammen ein Buch zu verfassen – »ein Kampfbuch gegen alles Gemeine...« Dazu kam es allerdings nie. Aber hier ist wohl der Keim zu Nobels großherzigem Testament gelegt worden.

Sie waren sich einig in dem Glauben, daß Wissenschaft die Welt bessern würde. Nobel schrieb einmal: »Jede neue Entdeckung verändert das menschliche Gehirn und befähigt die neue Generation zur Aufnahme neuer Ideen... Die Eroberung der wissenschaftlichen Forschung und ihr sich selbst erweiterndes Feld erwecken in uns die Hoffnung, daß die Mikroben – die der Seele sowohl als des Körpers – nach und nach verschwinden werden, und der einzige Krieg, den die Menschheit führen wird, wird der Krieg gegen die Mikroben...«

Daß durch Machtstreben die Menschen wissenschaftliche Erkenntnisse zu egoistischen Zwecken mißbrauchen könnten, kam weder Bertha noch Nobel in den Sinn.

Wieder daheim, setzte sich Bertha mit allen Kräften für eine Gründung der deutschen Friedensgesellschaft ein. Alfred Hermann Fried, der noch jung und ungeschickt war, benötigte ihren Beistand dringend, denn ihre Stimme hatte jetzt Gewicht. Sie galt nun als eine der wichtigsten Persönlichkeiten in der Friedensinitiative. Für die deutsche Liga schrieb sie Zeitungsartikel und Briefe an bedeutende Zeitgenossen, überlegte mit Fried zusammen organisatorische Fragen und machte sich Gedanken darüber, welche Personen an führender Stelle stehen sollten. Sie war besorgt, daß eine spezielle Interessengruppe mit anderen Hauptzielen die Oberhand gewinnen könne, zum Beispiel die Sozialdemokraten, die einen Frieden nur zusammen mit den eigenen politischen Zielen erreichen wollten. Auch war sie dagegen, daß allzu viele Juden im Vorstand waren. Natürlich lagen ihr antisemitische Gründe weltenfern. Sie wollte nur nicht den Anschein erwecken, daß sie eine bestimmte Gruppe besonders fördere:»Die österreichischen Witzblätter stellen mich ohnehin als Anführerin polnischer Juden dar.«

Als Fried meinte, man müsse bekannte Persönlichkeiten für die Leitung der Liga gewinnen, schrieb sie ironisch:»Also Titel braucht Ihr, Ihr Demokraten? – Halte es nicht für nötig. Der in Bethlehem Geborene hatte auch keinen Titel, und sein Verein blüht doch.« Allerdings war sie durchaus dafür, in der Öffentlichkeit zu erwähnen, daß der berühmte Arzt Virchow an der Friedensgesellschaft interessiert und nur aus beruflichen Gründen nicht fähig war, mitzuarbeiten.

Die Deutschen taten sich schwer mit der Gründung einer Liga. Es gab Streit um die Besetzung von Posten, um Ansichten, um die Form der Tagungen. Immer wieder mahnte Bertha Fried:»Also aushalten und Zähigkeit!« Doch dieser Kampf und Kleinkrieg um Unwesentliches zerrte an ihren Nerven. Auch war sie mit Arbeit überlastet. Für die Zeitschrift *Die Waffen nieder!* zeichnete sie als Herausgeberin, redigierte Artikel, warb prominente Mitarbeiter, schrieb auch selber Kritiken, Aufrufe, »Randglossen zur Zeitgeschichte«, Betrachtungen und Interviews. Das erste Mal zeigte sie hier ihre große journalistische Begabung. Von nun an veröffentlichte sie in vielen bedeutenden Zeitungen Deutschlands und Österreichs. Doch war die Überbürdung mit Pflichten oft allzu groß. Es gab kein gelassenes Schreiben und gemütliches Schwatzen mit Arthur mehr, kaum noch Spaziergänge. Sie fühlte sich getrieben und gehetzt wie im Räderwerk einer Maschine. Aber sie meinte:»...darüber hilft nur ein Blick auf die Erhabenheit des Zieles.« Sie war nicht gleichmütig genug, um das Auf und Ab der »Fieberkurve« von Erfolgen und Rückschlägen zu verkraften.

Endlich, im Dezember 1892, wurde in Berlin die *Deutsche Friedensgesellschaft* gegründet.»Wie zitternd ist mein Herz dabei!« schrieb Bertha an Fried. Im Frühjahr darauf zählte die Liga ein paar tausend organisierte Mitglieder. Das war nicht viel, aber Bertha meinte: »...was bedeutet das erste, mit Veilchen besetzte Grasplätzchen gegen die meilenweit mit Märzschnee bedeckten Felder?... So faßte ich die bescheidenen Resultate auf, die bis dahin der Friedensgedanke erzielt hatte, und gab keinem Zweifel Raum, daß das Lenzhafte, das Lichthafte, das ihm innewohnt, in allmählicher, aber ununterbrochener und immer schnellerer Progression zur Entfaltung kommen müsse.«

In bezug auf die deutsche Friedensgesellschaft war das allzu optimistisch gesehen. Die Vorsitzenden stritten miteinander oder waren inaktiv, und man gab sich keine Mühe, neue Mitglieder zu werben. Nur acht Jahre lang blieb das Hauptquartier der Liga in Berlin. Anfang 1900 wurde es nach Stuttgart verlegt.

Berthas Berühmtheit brachte ihr nicht nur Lob und Anerkennung, sondern auch harte Kritik und bösen Spott ein. Sie nahm das mit relativer Gelassenheit hin. Allein wichtig war die Sache, für die sie immer mehr Boden gewann. Halt und Hilfe in ihrem schweren Kampf gab ihr stets die Ehe mit Arthur. »Ein von Liebe und Heiterkeit schön ausgepolstertes Nestchen«, nannte sie sie. Sie hatten keine Kinder. Bertha erkannte, daß sie als Mutter kaum die große Last der Friedensarbeit hätte tragen können, eine Aufgabe, die ihrem ganzen Wesen entsprach. Und war ihr Verhältnis zu Arthur neben dem einer Frau zu ihrem Mann und einer Liebenden zu dem Geliebten nicht auch das einer Mutter zum Sohn?

In der Nähe von Harmannsdorf lebte Tante Lotte, die Mutter der geliebten Cousine Elvira, die so früh gestorben war. Bertha besuchte die alte Dame, wenn sie es nur irgend ermöglichen konnte. Sie genoß es, bei ihr von der Jugend sprechen zu können, einer fernen Welt, die sie in der Erinnerung mit lächelndem Erstaunen betrachtete. Sonst hatte sie keinen Kontakt mit Familienangehörigen. Die Kinskys waren ihr aus dem Gesichtsfeld entschwunden, auch der Bruder, der als versponnener Sonderling in einer dalmatinischen Kleinstadt wohnte, eine botanisch-mineralogische Sammlung anlegte, gärtnerte, Schach spielte und dessen Lebensgefährten ein paar Katzen waren.

Im Januar 1893 erhielt Bertha zu ihrer Freude einen Brief von Nobel, der zeigte, wie sehr ihn ihre Ideen nun doch beeinflußten. »Liebe Freundin! Möge das neue Jahr erfolgreich sein für Sie und den edlen Kampf, den Sie mit so viel Tapferkeit gegen die menschliche Dummheit und Grausamkeit führen.

Ich möchte testamentarisch einen Teil meines Vermögens für die Stiftung eines Preises zur Verfügung stellen, der alle fünf Jahre verliehen werden soll (sagen wir sechsmal, denn wenn man es in dreißig Jahren nicht erreicht hat, das gegenwärtige System zu reformieren, dann fällt man zwangsläufig in die Barbarei zurück). Dieser Preis soll demjenigen oder derjenigen zuerkannt werden, der oder die Europa am weitesten vorangebracht hat auf dem Wege zur Befriedung der Welt. Ich spreche Ihnen gegenüber nicht von Abrüstung, die sich nur langsam wird durchsetzen können, ich spreche nicht einmal von einem für alle Nationen verbindlichen Schiedsgericht. Aber man sollte bald dahin gelangen (und man kann es erreichen), daß alle Staaten sich verpflichten, sich gemeinsam gegen den ersten Angreifer zu wenden. Dann würden Kriege unmöglich werden, und man käme dazu, selbst die feindseligsten Staaten zu zwingen, einen Gerichtshof anzurufen oder sich ruhig zu verhalten. Wenn der Dreibund – statt dreier einzelner Staaten – alle Staaten um sich versammelte, wäre der Frieden für Jahrhunderte gesichert.«

Zum Friedenskongreß 1893 in Chicago, der während der Weltausstellung stattfand, konnten Suttners nicht reisen, weil Überfahrt und Aufenthalt zu teuer gewesen wären. Als Abgesandte ihrer Gruppe fuhr Berthas Freundin, die damals berühmte und wohlhabende Malerin Olga Wiesinger. Der Friedensgedanke hatte sich weiter ausgebreitet. Erstmalig nahmen auch Afrikaner am Kongreß teil. Eine kirchliche Spezialkonferenz erarbeitete eine Petition an alle Staatsoberhäupter, ein Schiedsgericht zu schaffen. Bertha wurde beauftragt, das für den österreichischen Kaiser bestimmte Exemplar zu überreichen.

In Wien fand zu dieser Zeit eine Ausstellung des bekannten russischen Malers Wassilij Wereschtschagin statt, dessen Bilder den jungen Fried zum Pazifisten gemacht hatten. Als Offizier hatte Wereschtschagin am Russisch-Türkischen Krieg 1877/78 und als Sekretär an den Friedensverhandlungen teilgenommen. Das Entsetzen an dem furchtbaren gegenseitigen Hinmorden hatte ihn veranlaßt, seine Erlebnisse in grauenhaft realistischen Bildern aufzumalen. Bertha besuchte die Ausstellung und sah nun das, was sie sich in ihrem Roman nur vorgestellt hatte, mit eigenen Augen. Obgleich ihr schien, daß sie es kaum ertragen könne, schaute sie nicht fort, sondern betrachtete jedes Bild gründlich: den Popen, der Leichenfelder segnete; die Verstümmelten auf den Verbandsplätzen; einen erfrorenen, schon halb eingeschneiten Vorposten; eine Pyramide aus Schädeln, von Raben umflattert. Am stärksten berührte sie das Gemälde von einer Straße voller Schnee, aus dem Hände und Füße herausragten. Der Maler berichtete ihr, daß eine wichtige Durchzugsstraße während der russisch-türkischen Winterkampagne so von Leichen bedeckt gewesen sei, daß die Wagen und Kanonen einfach darüber hinwegfuhren. Nicht nur Tote, sondern auch Verwundete wurden dabei in den Schnee gedrückt. Es war nicht möglich, sie beim Hin und Her des Kampfes zu bergen. Sie wurden zugeschneit, froren ein, und nur ihre herausragenden Glieder waren zu sehen. Bertha schauderte, aber sie hörte gebannt zu, was ihr der Maler leidenschaftlich, manchmal mit bitterer Ironie, berichtete. Er hatte bei den Kämpfen seinen Bruder verloren und war selber verwundet worden.

Diese Bilder waren ein neuer Impuls für Bertha, gegen solche Schrecken einzutreten.

Es blieb nicht bei aufwallenden Emotionen. Über die Zeit des vagen, begeisterten Gefühlsaufschwungs war Bertha längst hinaus. Sie wußte, für ihren Kampf durfte sie nicht nur empfinden, sie mußte auch wissen. Sie lernte aus der Geschichte, studierte aber auch gründlich die aktuellen politischen Ereignisse. Mit brennendem Interesse verfolgte sie zum Beispiel die im deutschen Reichstag stattfindenden Beratungen um einen Gesetzentwurf zur weiteren Aufrüstung. Trotz des Widerstandes der Sozialdemokraten wurden 50 Millionen Mark dafür bewilligt. Bertha schrieb:»Die anderen Mächte werden die Verstärkung nachahmen, und der liebgewordene Distanzwettlauf zum Abgrund kann ungestört fortgesetzt werden.«

Auch die Nachrichten über den Sozialistenkongreß in Zürich verfolgte sie mit Anteilnahme. Zwar kritisierte sie, daß die Sozialdemokraten Klassen- und Friedenskampf gleichsetzten, bemerkte aber mit Erleichterung, daß der Kongreß beschloß, alle anderen Gesellschaften zu unterstützen, die sich für den Weltfrieden einsetzten. Leider sollte diese tolerante Haltung auch den bürgerlichen Friedensgruppen gegenüber nicht dauern.

Erste praktische Erfolge der Friedensarbeit zeigten sich im Sommer 1893. Zwischen Italien und Frankreich kam es aus einem banalen Anlaß zu Spannungen. Weil ein italienischer Arbeiter in einem südfranzösischen Dorf im Brunnen seine schmutzige Hose gewaschen hatte, entstand zwischen Italienern und Franzosen eine Schlägerei. Der Vorfall wurde hochgeschraubt, die Presse bemächtigte sich seiner. Auf beiden Seiten fanden nationale Kundgebungen statt. Doch durch die Friedensbewegung wurden Schiedsmänner eingesetzt, die vermittelten und den Zwist beseitigten.

Berthas Ansicht, daß eine Anhäufung von Kriegsmaterial allein schon Gefahren bedeute, bestätigte sich durch zwei tragische Dynamitunglücke. Anfang November 1893 geriet in einem spanischen Hafen ein mit Dynamit beladener Dampfer in Brand. Viele Menschen eilten zum Kai, um voller Sensationslust das Schauspiel zu beobachten. Eine gewaltige Explosion schleuderte Schiffsteile und brennende Trümmer auf die Mole. Es gab sechshundert Tote und tausend Verletzte. Fünfzig bis sechzig Gebäude wurden zerstört, ganze Schiffe flogen brennend in die Luft, ein Eisenbahnzug wurde zertrümmert. Das Meer tobte und schäumte.

Kurz darauf wurde in Barcelona in einem Theater ein Bombenanschlag verübt. Die Menschen waren sich bewußt geworden, welches Machtmittel sie auch im Frieden mit Sprengstoff zur Verfügung hatten. Auch hier gab es viele Tote und Verwundete. Bertha schrieb:»Die Bestie und der Teufel, der Wilde und das Kind: sie alle müssen in der Menschheit überwunden werden, wenn sie mit solchen Mitteln in der Hand die Erde nicht zur Hölle, zum Tollhaus oder zur Wüstenei machen sollen.«

Eine Flut von Briefen kam jetzt nach Harmannsdorf. Die meisten waren an Bertha gerichtet. Berühmte und unbekannte Menschen schrieben ihr, lobten, kritisierten, brachten Vorschläge. Manche waren absurd, wie das Schreiben eines Landwirts, der ein besonderes Dungsystem erfunden hatte, das angeblich durch maximal gute Ernten eine Beseitigung des Welthungers und damit den Völkerfrieden bringen würde. Ein anderer Mann erklärte, er wolle mit vollem Einsatz für die Friedenssache arbeiten, wenn man ihm durch die monatliche Zahlung einer Geldsumme ermögliche, seinen Beruf aufzugeben. Manche dieser Briefmanuskripte betrugen bis zu hundert Seiten. Bertha versuchte seufzend, sich hindurchzukämpfen, denn sie wagte nicht, alles beiseite zu schieben. Immer wieder waren Briefe von Menschen darunter, die für die Friedensarbeit Bedeutendes leisten konnten. So lernte sie auf diese Weise Gräfin Hedwig Pötting kennen, die später

Paris um 1900

Frédéric Passy, Mitbegründer der Gesellschaft
der Friedensfreunde in Paris, Präsident der Interparlamentarischen Union

Die Waffen nieder!

»Die Waffen nieder!«, Postkarte zum
Manifest des Zaren

◀ Nikolaus II., Zar von Rußland

»Ein Friedensengel«, Karikatur aus der »Lustigen Woche«. Unterschrift: »Sehen Sie,
Fräulein Lucie, die Dame dahinten ist eine
um den Frieden sehr verdiente Frau – um
derentwillen wäre nie der Trojanische Krieg
ausgebrochen.«

Szene aus dem Boxeraufstand. Der Mörder des deutschen Gesandten Ketteler wird hingerichtet

Brief Theodor Herzls an Bertha von Suttner ▶

NEUE FREIE PRESSE.

REDACTION:

WIEN

Kolowratring, Fichtegasse Nr. 11.

7. III · 96

Hochverehrte Frau!

Für Ihre gütigen Zeilen sage
ich Ihnen herzlichsten Dank.
Ihre grossmüthigen Bestrebungen
verfolge ich natürlich schon seit
Jahren mit bewundernder Aufmerksamkeit. Wenn ich mich
Ihnen dennoch nicht öffentlich
anschliessen kann, so hat das
seinen Grund darin, dass ich
sachsen auch in einen "verrückten
Krieg gezogen bin. Wofür ich
narrenmässig guerroyire, das
werden Sie aus meiner Schrift
„der Judenstaat" sehen, die ich
mir erlauben will Ihnen ein-
zusenden.
In aufrichtiger Verehrung
Ihr sehr ergebener
H. Herzl

99

eine enge Freundin Berthas wurde, viel für den Frieden tat und *Die Waffen nieder!* für die Jugend bearbeitete.

Eines der wichtigsten Schreiben kam zur Jahresversammlung des Friedensvereines von dem berühmten und bewunderten französischen Schriftsteller Émile Zola:»Madame! Ach, ich träume wie Sie von Abrüstung und allgemeinem Frieden. Aber ich muß gestehen, ich fürchte immer noch, daß das nichts als ein Traum ist, denn ich sehe, wie sich von allen Seiten Kriegsdrohungen erheben. Ich glaube leider nicht, daß die Menschheit genug Vernunft und Liebe aufbringt, um schon bald den großen Bruderkuß zu tauschen. Was ich Ihnen versprechen kann, daß ich an meinem bescheidenen Platz mit ganzer Kraft und mit ganzem Herzen mitarbeiten will an der Versöhnung der Völker...«

Der sechste Friedenskongreß fand 1894 in Antwerpen statt. Bertha führte ein genaues Tagebuch und übertrug viele Kongreßberichte später in ihre Memoiren. Im Anschluß an den Kongreß tagte die Interparlamentarische Konferenz im Haag. Es war eine große Ehre, für Bertha, daß sie als Nichtparlamentarier und als Frau auf der Galerie daran teilnehmen konnte. Mit Spannung verfolgte sie die Reden, besonders über den Vorschlag der Engländer, ein Projekt zu erarbeiten, durch das theoretisch dargestellt werden sollte, daß mit Hilfe eines internationalen Schiedsgerichtes der Wettkampf der Rüstungen unnötig würde. Das Ergebnis sollte allen Regierungen vorgelegt werden. Doch von deutscher Seite gab es Bedenken. Man meinte, die Idee sei unrealistisch und zu phantastisch, um sie den führenden Staatsmännern bieten zu können. Bertha notierte ärgerlich: »...von Anfang an bis heute haben die Deutschen bei den Friedenskonferenzen das Amt des Bremsens geübt.«

11
Politische und persönliche Sorgen. Reisen nach Antwerpen und Budapest

Der belgische König zeigte Interesse an den Friedensaktivitäten und wollte einige der Deputierten kennenlernen. Beide Suttners gehörten der ausgewählten Gruppe an und fuhren nach Brüssel. Der König empfing sie freundlich und erklärte, er sei als Souverän einer ständig neutralen Nation an Friedensfragen sehr interessiert. Doch fügte er zu Berthas Enttäuschung hinzu, allerdings komme man, um diese Neutralität zu schützen, nicht ohne Rüstung aus. Immer waren die Mächtigen zu schönen Worten für den Frieden bereit, selten zu Taten.

Beim feierlichen Schlußbankett des Kongresses in Scheveningen mußte auch Bertha wieder eine Rede halten, was sie nun schon gewohnt war. Alle waren froh und hoffnungsvoll gestimmt, als mit Lichtlettern »Vive la Paix« in den Himmel über dem Meer geschrieben wurde.

Doch bald mußten die Friedensleute feststellen, daß ihre Aktivitäten Kriege und blutige Aufstände nicht verhindern konnten. In den folgenden fünf Jahren kam es zum Chinesisch-Japanischen Krieg, zu Massakern an den Armeniern in der Türkei, zum Aufstand in Kuba gegen die spanische Gewaltherrschaft, zum Krieg Italien gegen Abessinien, zum Griechisch-Türkischen und Amerikanisch-Spanischen Krieg, schließlich zu dem Burenkrieg in Südafrika. Mit Trauer empfanden die Menschen der Friedensgruppe ihre Ohnmacht und Hilflosigkeit.

Und doch gab es Anzeichen, daß sich das Bewußtsein der Völker änderte, daß sich Menschen wehrten, in immer neue Kriege hineingezogen zu werden. So konnte die italienische Regierung bei der Bevölkerung keine Begeisterung für den Krieg gegen Abessinien wecken, das sich vom italienischen Protektorat befreien wollte. Frauen legten sich auf die Schienen vor Züge, die Soldaten zur Front bringen sollten, und verhinderten die Abfahrt; italienische Deserteure flohen über die Landesgrenze, um an dem ihrer Meinung nach sinnlosen Kampf nicht teilnehmen zu müssen.

Bertha verstand es, mit diesen ermutigenden Ereignissen ihren Optimismus in der Friedensfrage zu begründen, den sie ihrem Publikum bei Vorträgen zeigte. So wurden ihre Reden mit großer Begeisterung aufgenommen. Sie schien einen Weg zu weisen. Sie war kompetent in historischen und aktuellen politischen Angelegenheiten, gründete ihre Ansichten auf reale Fakten, zeigte aber auch Leidenschaft und Gefühl. Ihre Ausstrahlung war groß. Ein französischer Journalist meinte, sie sei die Verkörperung des menschlichen Gewissens. Immer häufiger wurde sie zu Vorträgen eingeladen, kaum einmal lehnte sie ab. Sie sprach in Prag und Budapest, wo während ihrer Anwesenheit ein Friedensverein gegründet wurde, redete in Österreich und Deutschland. Arthur reiste fast immer mit ihr. Während der Veranstaltungen hielt er sich auffallend zurück und überließ seiner Frau als der stärkeren Persönlichkeit das Terrain.

Das wird ihm nicht immer leichtgefallen sein. In seiner Arbeit für den Verein gegen den Antisemitismus versuchte er, sich von Bertha unabhängig zu machen. Er meinte, der Verein solle eine Art »Rettungsgesellschaft« sein, »... um den guten alten österreichischen Geist zu retten, den Geist der Duldung, der Gerechtigkeit, der brüderlichen Liebe...« Lag es an Arthurs schwächerer Überzeugungskraft oder an den Zeitumständen, daß der Verein wenig Erfolg hatte?

Allerdings wirkten in Wien starke antisemitische Kräfte. Der berüchtigte und wortgewaltige »Hetzkaplan« Decker predigte von der Kanzel aus gegen die Juden, und Karl Lueger, der Führer der Antisemiten, wurde zum Oberbürgermeister gewählt. Der Kaiser zögerte, Lueger in seinem Amt zu bestätigen, und Suttner versuchte, die Gelegenheit zu nutzen, indem er in der *Neuen Freien Presse* mahnte:»Der Antisemitismus in Schrift, Wort und Tat ist eine gemeingefährliche, das Wesen der Staatsordnung, der Staatsgrundgesetze schwer verletzende Bewegung. Er kann von einer Regierung ebensowenig geduldet werden wie der Anarchismus und andere Bestrebungen, die dahin gehen, den inneren Frieden durch Gewaltmaßregeln zu stören und einen Bürgerkrieg herbeizuführen...« Trotz dieser Warnung stimmte der Kaiser schließlich Luegers Wahl zu. Die ganze Tragweite der antisemitischen Ideen zu erkennen war damals auch Suttner noch nicht möglich. Als man wenig später im Senat für die Verteuerung des Getreides die Börse und damit die Juden verantwortlich machte und Aussprüche laut wurden wie der, man solle die Juden doch aufhängen oder alle zu Kunstdünger vermahlen, hielt er das für eine böse, ironische Überspitzung, die kein Mensch je ernst nehmen könne.

Arthurs Erfolge in der Arbeit gegen den Antisemitismus standen in keinem Verhältnis zu Berthas Erfolgen in der Friedensarbeit. Vielleicht hat er auch deshalb versucht, für kurze Zeit im Privaten eigene Wege zu gehen. Das erste Mal gab es in der Ehe der Suttners Spannungen, obgleich in Berthas Memoiren kaum etwas davon zu lesen ist. Dort stellt sie immer wieder gegen alle Rückschläge und Enttäuschungen in ihrer politischen Arbeit das Glück ihrer Ehe, erzählt von harmonischen gemeinsamen Kongreßreisen und Studien, heiteren Plauderstunden, zärtlicher Zuneigung.

In Wirklichkeit hatte Bertha Grund zur Eifersucht. Die bildhübsche Nichte Marie Louise, die bei ihnen lebte, war herangewachsen. Sie betete den Onkel an, und der genoß es, mit einer jungen Frau zusammenzusein, der er überlegen war. Wahrscheinlich blieb es bei Gesprächen und langen Spaziergängen im Park von Harmannsdorf, aber Bertha wird das Herz weh getan haben, wenn sie von ihrem Arbeitszimmer mit dem von Papieren überladenen Schreibtisch aus das Paar in vertrauter Gemeinsamkeit sah. Nun wurde sie sich ihres Altersunterschiedes zu Arthur bewußt und sah ganz realistisch, daß sie mit der Anmut der jungen Nichte nicht konkurrieren konnte. Marie Louise veröffentlichte ein Buch über die Neigung zu ihrem Onkel. Sie wählte andere Namen, aber für Eingeweihte war die Sache leicht zu entschlüsseln. Bertha hat ihren Eifersuchtskummer wohl im Tagebuch notiert, die Blätter später aber vernichtet, denn aus dieser Zeit findet man darin Spuren von ausgerissenen Seiten. Nach Arthurs Tod schrieb Bertha einmal, die Nichte habe Grund gehabt, sie zu hassen. Zu einem ernsthaften Bruch zwischen den Eheleuten kam es nicht. Dazu wäre der noble Arthur von Suttner nicht fähig gewesen. Ihre Interessen blieben auch immer die gleichen. Gemeinsam freuten sie sich, als nun doch von der Interparlamentarischen Konferenz 1895 ein Plan für ein Völkertribunal genehmigt wurde, den man sämtlichen Regierungen vorlegen wollte. Bertha schrieb, daß sie und Arthur »voll froher Zuversicht« weiter an dem großen Werk mitarbeiten würden.

Trotz ihrer Erfolge und der damit verbundenen besseren Verdienste wurde die wirtschaftliche Lage der Suttners immer schwieriger. Bertha und Arthur trugen die Hauptlast, um Harmannsdorf zu erhalten. Es drohte der vollkommene Ruin, und es bestand die Gefahr, daß die Familie das Gut verlassen mußte. Um einen Konkurs zu verhindern, arbeiteten beide schwer, indem sie neben allen politischen Aufgaben immer neue Bücher schrieben. Kaum hatte Bertha den Roman *Vor dem Gewitter* beendet, begann sie einen neuen, *Einsam und arm.* Arthur verfaßte noch einmal *Kaukasische Geschichten.* Bis tief in die Nacht hinein saßen sie sich an ihrem Schreibtisch gegenüber, schrieben gehetzt und hatten wieder keine Zeit, die Sachen gründlich zu überarbeiten. Beide waren nun so bekannt, daß man ihnen ihre Arbeiten auf jeden Fall abnahm, doch sicher hätten sie Besseres leisten können.

1896 fuhren Bertha und Arthur zusammen mit Marie Louise zum Friedenskongreß und zur siebenten Interparlamentarischen Konferenz nach Budapest. Zwei Tage lang reisten sie per Schiff die Donau hinab. An Deck trafen sie viele Kongreßteilnehmer, und sicher hat Bertha ihrer Nichte nicht ungern vor Augen geführt, was für eine Geltung und Bedeutung sie in diesem Kreis hatte.

Budapest war festlich geschmückt. Wie sehr damals Uniformen zu einem feierlichen Bild gehörten, zeigt, daß selbst dort, wo ein Kongreß gegen den Krieg tagen sollte, vor dem Rathaus, Panduren in ihren tressengeschmückten, waffenstarrenden Monturen Wache standen.

Auf dem Kongreß war wieder der wichtigste Diskussionspunkt die Schiedsgerichtsfrage. Nebenbei drohte ein typisch zeitgebundener Streit auszubrechen, als ein französischer Delegierter den Antrag stellte, die Friedensgesellschaften sollten ihren Mitgliedern zur Bedingung machen, sich an keinem Duell zu beteiligen. Einige »Ehrenmänner« protestierten heftig und drohten, aus dem Verein auszutreten. Besonders in Deutschland galt das Duell damals als ein Ausdruck männlicher Ehrenhaftigkeit. Man einigte sich schließlich darauf, es den Mitgliedern der Friedensgruppen nicht zu verbieten, ihnen aber nahezulegen, ein Duell zu vermeiden. Dieses Ereignis und die Petition eines Tierschutzvereins, dessen Mitglieder bei Bertha vorsprachen und um Unterstützung ihrer Bestrebungen baten, bewogen sie, in ihrem neuen Buch *Schach der Qual* gegen das Duell und das Quälen von Tieren einzutreten.

Bertha genoß den festlichen Kongreß in seiner »behaglichen Pracht«, zu dem wieder Empfänge, Diners und Opernveranstaltungen gehörten. Sie war ein umworbener Mittelpunkt und schüttelte die persönlichen Sorgen ab. Wieder durfte sie als Zuschauerin von der Galerie aus an der Interparlamentarischen Konferenz teilnehmen. Vor dem Gebäude des Magnatenhauses, wo die Konferenz tagte, waren Masten aufgestellt, von denen die Fahnen der Nationen flatterten. Jeder Mast war durch eine Blumengirlande mit dem Gebäude verbunden. Bertha meinte begeistert: »Dieser noch so fremdartige Begriff Europäischer Staatenbund – hier ist er in Emblemensprache ausgedrückt.«

Das wichtigste Ergebnis des Kongresses war folgende Resolution: »Die VII. Interparlamentarische Konferenz bittet alle zivilisierten Staaten, eine diplomatische Konferenz einzuberufen, um ihr die Frage des internationalen Schiedsgerichtes vorzulegen, wobei die Arbeiten der Interparlamentarischen Union als Grundlage der weiteren Beschlüsse dienen sollen.«

Wichtig war auch, was im Augenblick noch nicht voll gewürdigt wurde: daß russische Vertreter an der Konferenz teilnahmen. Die russische Regierung suchte zunehmend Kontakte mit europäischen Ländern, einige besuchte der Zar im selben Jahr.

Bevor Suttners aus Budapest heimkehrten, nahmen sie an der Eröffnung des »Eisernen Tores« teil, dem Durchbruch zwischen Banater und ostserbischem Gebirge, durch den die Donau voll schiffbar gemacht wurde. In strahlendem Sonnenschein fuhren sie auf einem Schiff hinter dem des österreichischen Kaisers her, das an der Durchbruchstelle ein über den Donaukanal gespanntes langes Blumentau durchschnitt.

In der Presse fanden die Friedenskongresse immer mehr Beachtung. Die positiven Stimmen überwogen. Sie wurden von Bertha in ihrem Tagebuch notiert, aber auch die negativen, wie folgende:»Die guten Leute, die auf die Initiative einer ganz vortrefflichen Dame, Baronin Bertha von Suttner, Verfasserin von Down with arms und Schöpferin des Friedenskongresses, zusammenkamen, repräsentierten die Blume jener unbestimmt wohlmeinenden, sentimentalen und unpraktischen Klasse von Personen, wie sie in allen Ländern und nirgends so wohlentwickelt wie bei uns zu finden sind. Zu sehen, daß etwas unrecht ist in der Welt, und ein Mittel vorzuschlagen, das, genau besehen, eine radikale Änderung der menschlichen Natur bedingt, das ist so ihre Art…«

Ende des Jahrhunderts verloren Bertha und Arthur mehrere Freunde. Prinz Achille Murat starb in Rußland einen mysteriösen Tod. Man fand ihn erschossen in seinem Studierzimmer, Opfer eines Unglücksfalles oder Selbstmordes.

12

Tod Alfred Nobels.
Sein Testament:
Der Nobelpreis

Am 10. Dezember 1896 verschied Alfred Nobel. Bertha erfuhr davon durch die Presse. Das war ein schmerzlicher Schlag:»Das Band einer zwanzigjährigen Freundschaft zerrissen!«

Sie erinnerte sich an ihre Begegnungen mit ihm, an ihren Briefwechsel und daß sie stets versucht hatte, den scheuen, zurückhaltenden Mann näher in ihr persönliches Leben einzubeziehen. Sie hatte ihn immer wieder nach Harmannsdorf eingeladen, aber er zögerte, erklärte, daß er sich nicht traue.»...in dem Punkt bin ich so schüchtern wie eine empfindsame Frau.«

Der erfolgreiche Geschäftsmann litt unter der Unfähigkeit, persönliche Beziehungen einzugehen:»Was soll ich Ihnen erzählen von einem, den die Jugend, die Freude, die Hoffnung verlassen hat? Eine leere Seele, deren ›Inventar‹ aus einer weißen Seite besteht – oder einer grauen.« Als er das schrieb, war er erst fünfzig Jahre alt. Bitteres Mißtrauen den Menschen gegenüber vergällte ihm das Leben, er glaubte, er würde hauptsächlich seines Geldes wegen umworben. Doch zu Bertha und ihrem Mann fühlte er Vertrauen und Zuneigung. Da hieß es 1888:»Liebe Baronin und Freundin! Wie undankbar ist der alte Nobel! Aber es scheint nur so, denn die Freundschaft, die er für Sie empfindet, kann nur wachsen. Und je mehr er sich dem Nichts nähert, um so mehr liebt er diejenigen – Mann oder Frau –, die ihm ein wenig wahre Teilnahme schenken...«

Lange stand er Berthas Friedensideen skeptisch gegenüber. Noch 1893 schrieb sie traurig an ihn:»Nennen Sie unseren Friedensplan nicht immer einen Traum. Ein Fortschritt auf dem Wege der Gerechtigkeit ist gewiß kein Traum, er ist das Gesetz der Zivilisation.« Doch in seinem letzten Brief an sie heißt es:»›Bei guter Gesundheit‹ – ach nein, ich bin es leider nicht, und ich konsultiere sogar Ärzte, was nicht nur gegen meine Gewohnheit, sondern auch gegen meine Grundsätze verstößt. Ich, der ich kein fühlendes Herz habe, habe nun ein organisches, eines, das ich spüre. – Aber genug von mir und meinen kleinen Leiden. Ich bin glücklich, daß die Friedensbewegung an Raum gewinnt. Das ist der Aufklärung der Massen und vor allem der Bekämpfung der Vorurteile und Erhellung der Finsternisse zu danken, an der Sie einen so hervorragenden Anteil haben. Das sind Ihre Adelstitel!«

Bertha widersprach seiner eigenen Beurteilung energisch: »Kein Herz? Das ist falsch... Sie sind nicht hart und böse, denn das ist es, was man ›ohne Herz‹ nennt!« Sie dankte ihm, daß er ihrer Sache so oft mit hohen finanziellen Beiträgen geholfen hatte, und bat vertrauensvoll um mehr: »Die Macht des Geldes ist unentbehrlich!« Sie beschwor ihn: »Entziehen Sie uns niemals Ihre Unterstützung, selbst nicht jenseits des Todes, der uns alle erwartet...«

Er hatte ihr die Unterstützung nicht versagt, obwohl er wohl nie ganz von dem Gedanken abgekommen war, daß Schreckenswaffen die Menschen am ehesten von einem Krieg zurückhalten könnten. Bertha, die ihm ursprünglich beigestimmt hatte, war längst anderer Meinung: »Der aus Angst vor Verantwortung, also wegen des Übermaßes der Rüstung nicht ausbrechende Krieg ist nicht Frieden – denn er ist doppelt prekär –, erstens weil die Rüstungen an und für sich ein Ruin sind, ein materieller und moralischer, denn sie verbrauchen alle Hilfsmittel, sie versklaven und erniedrigen die Menschen, und sie müssen den Kriegsgeist und die Gewaltanbetung aufrechterhalten, was ja in allen Schulen auch geschieht; zweitens, weil das In-die-Luft-Sprengen des Pulverfasses der Willkür einiger Leute anheimgestellt bleibt...«

Als Nobels Testament eröffnet wurde, erfuhr Bertha, wie sehr er schließlich doch von ihren Ideen beeinflußt worden war.

Den größten Teil seines Geldes hatte er zur Gründung einer Stiftung bestimmt. Aus den Zinsen seines Vermögens sollten jährlich zu gleichen Teilen an fünf Männer und Frauen (notfalls auch an Gruppen), die in den verflossenen Jahren der Menschheit großen Nutzen gebracht hatten, Preise verliehen werden; je einer für physikalische und chemische Entdeckungen oder Verbesserungen sollte von der Königlich Schwedischen Akademie der

Wissenschaften in Stockholm vergeben werden, einer für Fortschritte in der Physiologie oder Medizin vom Königlichen Karolinischen Medico-Chirurgischen Institut in Stockholm, ein weiterer für eine »idealistische« Leistung in der Literatur von der Schwedischen Akademie der schönen Künste in Stockholm. Der fünfte Preis war für denjenigen oder diejenige bestimmt, die am meisten oder am besten für die Abschaffung und Verminderung der stehenden Heere sowie für die Bildung und Verbreitung von Friedenskongressen gearbeitet hatte. Er würde durch einen Ausschuß des norwegischen Stortings, der Volksvertretung in Oslo, verliehen werden. Bei der Auswahl der Preisträger sollte deren Nationalität keine Rolle spielen.

Das Staunen über das großmütige Vermächtnis bewegte die Welt. Die Zeitungen brachten lange Berichte.

Ein Mitarbeiter an Berthas Zeitschrift, Moritz Adler, schrieb: »Hätte man es für möglich gehalten, daß der Mammon, der aus Dynamit entsprungene Mammon, so geadelt werden kann? Ich bin glücklich, diesen Tag erlebt zu haben; es war die edelste Freude meines ganzen Lebens...«

Bertha äußerte bewegt: »Vor aller Welt war da – nicht von einem exaltierten Träumer, sondern von einem genialen Erfinder – Erfinder von Kriegsmaterial noch dazu – öffentlich erklärt, daß die Verbrüderung der Völker, die Verminderung der Heere, die Förderung der Friedenskongresse zu den Dingen gehörten, die das meiste für das Glück der Menschheit bedeuten.«

Doch dauerte es fünf Jahre, bis die ersten Preise vergeben werden konnten. Mitglieder der Familie Nobel wollten das Testament anfechten, obgleich Alfred Nobel öfter erklärt hatte, daß ein großes Vermögen nicht den Verwandten des verstorbenen Eigners zustünde, sondern daß es der Allgemeinheit gehöre. Es sei recht und billig, daß ein Wohlhabender dafür sorge, daß seine Nachfahren nicht Mangel leiden müßten, ein Vermögen müßten sie sich aber selber erwerben. Trotzdem hätte die Familie Nobel vielleicht Erfolg gehabt, wenn sich nicht Emanuel Nobel, ein in Petersburg lebender Neffe, für die Erfüllung des letzten Willens seines Onkels entschieden eingesetzt hätte.

Seit der ersten Verleihung der Preise 1901 findet die Feier bis heute jedes Jahr am 10. Dezember, dem Todestag Nobels, statt.

Neben der Geldsumme erhalten die Preisträger ein Diplom und eine Goldmedaille mit dem Bilde Nobels. Zahlreiche bedeutende Menschen sind dadurch geehrt und in ihrer Arbeit gefördert worden. 1936 wurde dem deutschen pazifistischen Publizisten Carl von Ossietzky, der sich im Konzentrationslager befand, der Friedensnobelpreis verliehen. Die deutsche Regierung verbot ihm, den Preis anzunehmen, und erlaubte bis 1945 überhaupt keinem Deutschen die Annahme eines Nobelpreises. 1968 wurde die Preisvergabe erweitert, indem die Schwedische Reichsbank einen »Preis für Wirtschaftswissenschaften zu Ehren von A. Nobel« für Volks- und Betriebswirte in der Höhe der anderen Nobelpreise stiftete.

In der nächsten Zeit gab es keine spektakulären Erfolge für die Friedensleute. Doch Bertha ließ den Mut nicht sinken, obgleich die Arbeit unsäglich viel Geduld und Zähigkeit verlangte. Auftrieb gab ihr, daß am 1. Januar 1897 in Washington der Schiedsgerichtsvertrag zwischen England und den Vereinigten Staa-

13

Rückschläge und Erfolge. Der Dreyfusprozeß

ten unterzeichnet wurde. Man benutzte dazu eine goldene Feder, die später im Staatsmuseum deponiert wurde. Die englische Königin Viktoria meinte in ihrer Thronrede, sie hoffe, daß das Beispiel in anderen Ländern Nachahmer finden würde. Aber schon bei der Ratifizierung scheiterte die Sache am amerikanischen Senat. An der notwendigen Zweidrittelmehrheit fehlten drei Stimmen.

Fast alles, was erreicht wurde, bekam erst einmal Gegenwind. Bertha grämte sich, daß die österreichische Tagespresse sich dieser ganzen Aktion gegenüber sehr gleichgültig verhielt und sie kaum erwähnte. Dennoch empfanden die Friedensleute es als einen Fortschritt, daß sich endlich einmal Monarchen und führende Politiker für die Idee des Schiedsgerichtes eingesetzt hatten.

England und Amerika blieben weiter progressiv. Konflikte in der Guayanafrage wurden schiedsgerichtlich bereinigt. Frankreich und Brasilien folgten dem Beispiel in einem Grenzstreit. Das waren kleine Hoffnungsstrahlen für die Friedensbewegung.

Im Juni überreichte Bertha dem österreichischen Kaiser die Petition der Londoner kirchlichen »Arbitration Alliance«, die Fragen der Abrüstung und des Schiedsgerichtes allen europäischen Staatsoberhäuptern nahebringen wollte.

Der Kaiser war liebenswürdig, aber nicht sehr interessiert. Er äußerte: »Das wäre wohl sehr schön ... es ist aber schwierig ...«

Vielleicht war Bertha enttäuscht, aber tapfer redete sie sich selber zu: »Neue Ideen sind wie Nägel – alte Zustände und Institutionen sind wie dicke Mauern. Da genügt es nicht, den spitzen Nagel hinzuhalten und einen

Schlag zu tun – hundert und hundertmal muß der Nagel getroffen, und zwar auf den Kopf getroffen werden, damit er endlich sitzt.«
In diesem Jahr tagten die Friedensleute in Hamburg, die Interparlamentarier in Brüssel. Leider deutete sich hier schon die Trennung der beiden Institutionen an, die ursprünglich so eng zusammengehört hatten. Die Zweisamkeit – Propaganda und Aufklärung der Bevölkerung auf seiten der Friedensvereine, praktische Entscheidungen und Durchsetzungen der Friedensidee bei den Regierungen durch die Parlamentarier – hatte ideal geschienen. Doch waren die Praktiker der Politik bald nicht mehr bereit, mit den idealistischen »Laien« eng zusammenzuarbeiten. Im Laufe der Jahre wurden die privaten Friedensvereine zu wenig wirksamen Lokalgruppen. Und doch haben sie ganz entschieden daran mitgewirkt, daß auch führende Politiker allmählich Kriege für vermeidbar hielten. Die Zweifel an der »Naturnotwendigkeit von Kriegen« waren die fruchtbare Saat, die die Friedensleute ausgestreut hatten.

Der Hamburger Friedenskongreß wurde ein Erfolg. Bertha hatte den lange skeptischen Moritz von Egidy zum Mitkämpfer gewonnen. Er war ein mitreißender Redner und gewann in einer Volksversammlung neue Friedensfreunde. Als wichtiges neues Mitglied hatte sich Henry Dunant, der Begründer des Roten Kreuzes, eingetragen. Er versprach, seinen Einfluß bei den Gruppen des Roten Kreuzes geltend zu machen, und wollte bei orientalischen Völkern in deren Landessprachen für die Friedenssache werben. Wieder gab es das festliche Drum und Dran von Veranstaltungen im damaligen Stil mit Hafenfahrten, Soupers, Banketten und Festen. »Toaste, Musik, Feuerwerk«, schrieb Bertha, »die ja auch bei Schlachterinnungsfesten und dergleichen angewendet werden – aber wie ganz anders wirken sie, wenn sie die Gefühle der Menschenverbrüderung, der Erlösungshoffnung begleiten – Erlösung vom Banne des Totschlags und des Hasses…«
Wieder zu Hause in Harmannsdorf, entstand ein neues Buch, die Fortsetzung von *Die Waffen nieder!* mit dem Titel *Marthas Kinder*. In diesem Roman arbeitet Marthas Sohn in der Friedensbewegung und erlebt die gleichen Enttäuschungen und Aufschwünge wie die Autorin. Eigene Kongreßberichte und Briefe, die Bertha erhielt, wurden in die Handlung eingewoben. Die Tochter von Martha verliert ihren Geliebten durch ein Duell. In einer Kneipenszene wird Marthas Sohn in einen Kampf mit Antisemiten

verwickelt. Wieder flocht Bertha in die Erzählung Zeitprobleme ein. Doch das Buch hatte nicht die Geschlossenheit wie *Die Waffen nieder!*. Liebes- und Familiengeschichte, Friedensidee und Zeitkritik waren oft nur gewaltsam in Beziehung zueinander gebracht. Der Roman hatte nicht die Wirkung und Verbreitung wie der erste Band. Neben den finanziellen Sorgen brachte das Zusammenleben mit der Familie auf Harmannsdorf weitere Probleme. Berthas und Arthurs Ideen fanden hier wenig Beifall. Der sehr konservativ und nationalistisch gesinnte Vater konnte mit dem Friedensgedanken kaum etwas anfangen. Auch war er Antisemit, was sich deutlich zeigte, als der Dreyfusprozeß ganz Europa bewegte.

Im Januar 1895 war der jüdische Hauptmann Dreyfus wegen angeblichen Landesverrates zu schimpflicher Ausstoßung aus dem französischen Heer, Deportation nach Cayenne und lebenslanger Haft verurteilt worden. Man hatte im Papierkorb des deutschen Militärattachés in Paris einen Brief gefunden, in dem Dreyfus die Übergabe geheimer Papiere ankündigte. Bald gab es Zweifel an der Schuld von Dreyfus. Von seinen Freunden wurde eine Revision des Prozesses gefordert. Doch der französische Generalstab ging aus Prestigegründen darauf nicht ein. Über drei Jahre zog sich der Kampf hin. 1898 beschuldigte der Schriftsteller Émile Zola in einem offenen Brief im Stile der großen römischen Redner das französische Kriegsgericht ungesetzlicher Handlungen. *J'accuse – Ich klage an!* wurde eines der bis heute berühmten Pamphlete, das über den aktuellen Anlaß hinaus Allgemeingültiges aussagt. Wie sehr war es nach dem Herzen von Bertha und Arthur von Suttner, als Zola ausrief:»Es ist... ein Verbrechen, den Säbel zum modernen Gott zu machen, während doch die menschliche Wissenschaft an dem Werk der Wahrheit und Gerechtigkeit arbeitet!«

Zola wurde im Juli 1898 wegen Beleidigung des Kriegsgerichtes zu einem Jahr Gefängnis und 3000 Franken Geldstrafe verurteilt. Er floh nach England. Doch die Öffentlichkeit in aller Welt war nun aufgerührt und nahm Partei. Bertha und Arthur glaubten wie Zola, es handele sich bei der Dreyfusaffäre um den Ausdruck antisemitischer Strömungen. Auch schien der »Kadavergehorsam« untergeordneter Soldaten und Offiziere gegen ihre Vorgesetzten ehrliche Zeugenaussagen zu verhindern. Immer wieder wurde betont, daß die »Ehre der Armee« nicht beschmutzt werden dürfe.

Aber auch in Frankreich wurden Stimmen laut, die stürmisch eine Revision des Prozesses verlangten. Der alte Suttner allerdings glaubte, daß ein »jüdisches Syndikat« durch Schiebung einen erneuten Prozeß »erkaufen« wollte. Seine Frau war gegen Dreyfus, weil sie den Schriftsteller Zola nicht mochte. Seine Bücher hatte sie verbrannt, da der Inhalt ihr anstößig erschien. Diesen voreingenommenen und dümmlichen Ansichten waren Bertha und Arthur bei den Familiengesprächen ausgesetzt. Bertha langweilte sich und klagte manchmal im Tagebuch darüber. Durch den Druck der Welt und der französischen Bevölkerung kam es in Rennes zu einem neuen Prozeß. Wenig wurde dabei geklärt, doch Dreyfus »wegen mildernder Umstände« von der Deportation befreit, allerdings neu zu zehn Jahren Gefängnis verurteilt. Aus Furcht vor Empörung und Aufruhr setzte ihn ein paar Tage später der Staatspräsident durch eine Amnestie auf freien Fuß. Rehabilitiert wurde Dreyfus allerdings erst 1906. Dann stellte sich auch heraus, daß das einzige Beweisstück für seine Verurteilung von dem verschuldeten antisemitischen Major Esterhazy gefälscht worden war. Die heftigen Kontroversen um den Prozeß führten dazu, daß 1898 in Paris die *Liga für Menschenrechte* gegründet wurde, deren Sitz jetzt in London ist. Sie kämpft heute wie damals für das persönliche Recht und die persönliche Freiheit des einzelnen gegenüber dem Staat, um die friedliche Regelung internationaler Konflikte und verteidigt allgemein die Grundsätze der Demokratie. Von 1933–45 war in Deutschland die Liga für Menschenrechte verboten.

Artur Gundaccar von Suttner

Menükarte aus dem Nach-
laß

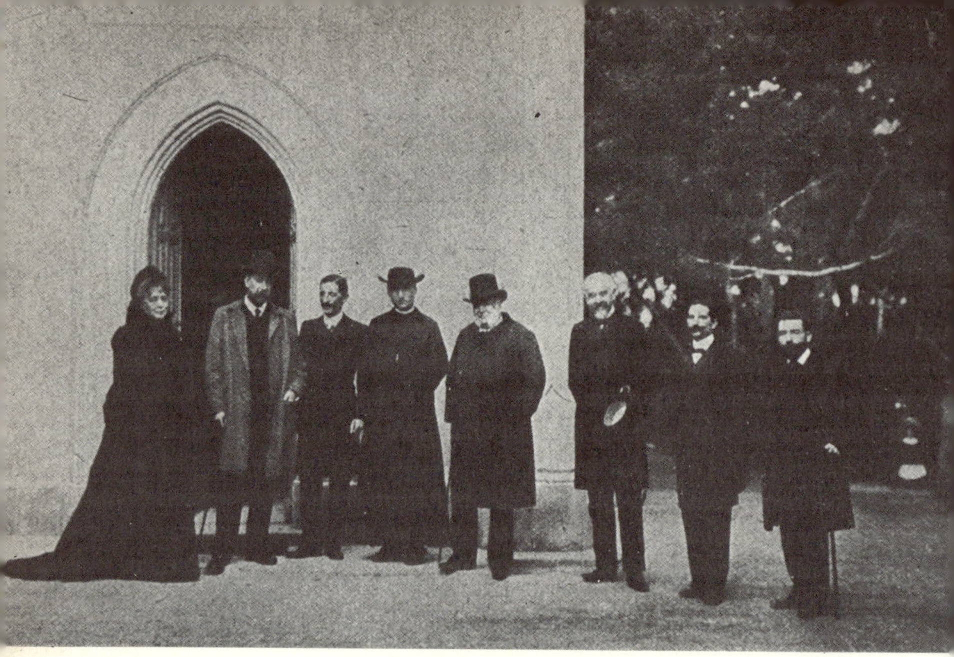

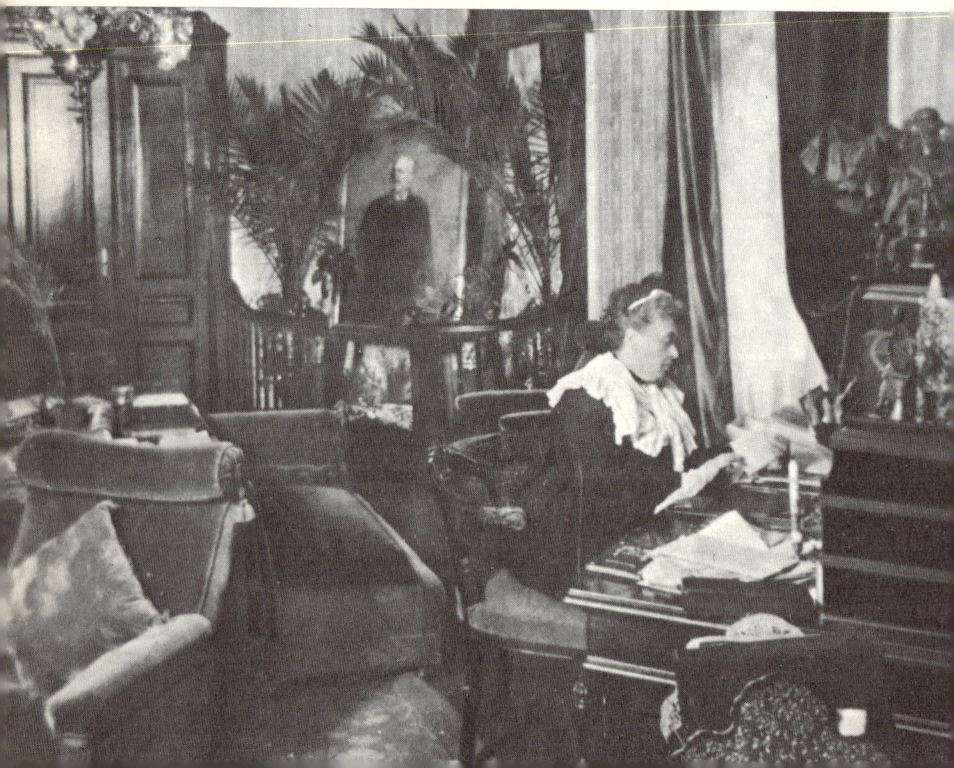

Washington, Gartenpartie des Weißen Hauses

◀ Seite 116:
oben: Eröffnung des »Institut international de la Paix«, Monaco. Neben Bertha von Suttner der Fürst von Monaco
unten: In der Wiener Witwenwohnung

Theodore Roosevelt, Präsident der USA 1901–1909

Die Friedenspartei hatte sich 1898 lange bemüht, einen neuen Krieg zu verhindern, aber umsonst. Spanien verlor im Kampf gegen die USA seine Kolonialgebiete Puerto Rico, Kuba und die Philippinen. Im Maiheft von Berthas Revue war die erste Seite schwarz umrändert. Im Leitartikel hieß es:»Im Trauerrand lassen wir hier erscheinen, daß... die grauenhafte Furie und Trägerin der alten Barbarei wieder losgegangen ist.

Was unsern Kummer erschwert, ist dies: Amerika, die Wiege und der Hort der Friedensbewegung, Amerika, das vor kaum einem Jahre auf dem Punkte stand, das langgehegte Ideal durch den ersten ständigen Schiedsvertrag in lebensvolle Wirklichkeit umzusetzen, Amerika, das keinen Militarismus kennt – Amerika muß es sein, wo der Krieg entfesselt wurde...«

Auch Österreich rüstete ständig auf und baute Kriegsschiffe unter der Devise:»Schutz dem Export.«

Frankreich und Deutschland hatten neue, sehr teure Schnellfeuergeschütze eingeführt. Die Waffen besaßen erstmals einen Rohrrücklauf. Noch schneller als bisher konnte man nun noch mehr Soldaten töten. Alles Nachrichten, die für die Friedensleute Grund zum Pessimismus brachten.

Doch dann trat ein Ereignis ein, das mit einem Schlag die Lage änderte.

An einem schönen Augusttag saß Bertha im Harmannsdorfer Gartenhäuschen und wartete auf Arthur, der wie an jedem Tag Briefe und Zeitschriften selber vom Postamt abholte. Schon von weitem sah sie, daß er triumphierend eine Zeitung schwenkte. Nur flüchtig hatte er sich orientiert, aber nun lasen sie gemeinsam Wort für Wort eine kaum glaubliche Nachricht: Der russische Außenminister Graf Murawjew hatte am 24. August 1898 allen in Petersburg akkreditierten Gesandten folgendes Manifest übergeben:

»Die Aufrechterhaltung des allgemeinen Friedens und eine mögliche Herabsetzung der übermäßigen Rüstungen, welche auf allen Nationen lasten, stellen sich in der gegenwärtigen Lage der ganzen Welt als ein Ideal dar, auf das die Bemühungen aller Regierungen gerichtet sein müßten. Das humane und hochherzige Bestreben Sr. Majestät des Kaisers, meines erhabenen Herrn, ist ganz dieser Aufgabe gewidmet.

In Überzeugung, daß dieses erhabene Endziel den wesentlichsten Interessen und den berechtigten Wünschen aller Mächte entspricht, glaubt die Kaiserliche Regierung, daß der gegenwärtige Augenblick äußerst günstig dazu sei, auf dem Wege internationaler Beratung die wirksamsten Mittel zu suchen, um allen Völkern die Wohltaten eines wirklichen und dauernden Friedens zu sichern und vor allem der fortschreitenden Entwicklung der Rüstung ein Ziel zu setzen.

Im Namen des Friedens haben große Staaten mächtige Bündnisse miteinander geschlossen. Um den Frieden besser zu wahren, haben sie in bisher unbekanntem Grade ihre Militärmacht entwickelt und fahren fort, sie zu verstärken, ohne vor irgendeinem Opfer zurückzuschrecken.

Alle ihre Bemühungen haben dennoch nicht das segensreiche Ergebnis der ersehnten Friedensstiftung zeitigen können. Da die finanziellen Lasten eine steigende Richtung verfolgen und die Volkswohlfahrt an ihrer Wurzel treffen, so werden die geistigen und physischen Kräfte der Völker, die Arbeit und das Kapital zum großen Teil von ihrer natürlichen Bestimmung abgelenkt und in unproduktiver Weise aufgezehrt.

Hunderte von Millionen werden aufgewendet, um furchtbare Zerstörungsmaschinen zu beschaffen, die heute als das letzte Wort der Wissenschaft betrachtet werden und schon morgen dazu verurteilt sind, jeden Wert zu verlieren infolge irgendeiner neuen Entdeckung auf diesem Gebiet. Die nationale Kultur, der nationale Fortschritt, die Erzeugung von Werten sehen sich in ihrer Entwicklung gelähmt und irregeführt.

Daher entsprechen in dem Maße, wie die Rüstungen einer jeden Macht anwachsen, diese immer weniger dem Zweck, den sich die betreffende Regierung gesetzt hat.

Die wirtschaftlichen Krisen sind zu großem Teil hervorgerufen durch das System der Rüstungen bis aufs Äußerste, und die ständige Gefahr, welche in dieser Kriegsstoffansammlung ruht, machen die Heere unserer Tage zu einer erdrückenden Last, welche die Völker mehr und mehr nur mit Mühe tragen können.

Es ist deshalb klar, daß, wenn diese Lage sich noch weiter so hinzieht, sie in verhängnisvoller Weise zu eben der Katastrophe führen werde, welche man zu vermeiden wünscht und deren Schrecken jeden Menschen schon beim bloßen Gedanken schaudern machen. Diesen unaufhörlichen Rüstungen ein Ziel zu setzen und die Mittel zu suchen, dem Unheil vorzubeugen, das die ganze Welt bedroht, das ist die höchste Pflicht, welche sich heutzutage allen Staaten aufzwingt.«

Gleichzeitig richtete der Zar eine Aufforderung an alle Regierungen, ihre obersten Kriegsherren zu einer Konferenz zusammenzuführen, um »den großen Gedanken des Weltfriedens siegen zu lassen«.

Die Suttners waren begeistert von dieser ganz unerwarteten Unterstützung ihrer Ideen durch eine bedeutende politische Macht. Bertha erhielt in der nächsten Zeit viele beglückte Briefe von Friedensfreunden. Der norwegische Dichter Björnstjerne Björnson schrieb ihr: »Der Zar hat etwas Großartiges getan. Was auch daraus werde – von heute ab schwirrt die Luft von Friedensgedanken – selbst da, wo sie gestern nie hingekommen wären. Das bringt große, unerwartete Folgen. Jetzt wird der englisch-amerikanische Vertrag zustande kommen und schließlich alle Germanen einigen – in einer solchen Luft kann alles gedeihen. Sehen Sie, es nützt, zu predigen, zu glauben, zu verkündigen – nachdrücklich und unaufhörlich!«

Henry Dunant schrieb: »Lassen Sie mich meine Glückwünsche aussprechen zu dem großen Schritt, den der Zar auf dem Wege macht, dem Ihr eifriges Apostolat geweiht ist. Es ist dies ein riesengroßer Schritt, und was immer geschehe, die Welt wird nicht ›Utopie‹ schreien; die Geringschätzung unserer Ideen ist ihr versagt; und wenn die Verwirklichung auch dem Kongreß, der sicher stattfinden wird, nicht augenblicklich folgt, so ist sie doch jedenfalls in Gang gebracht. Diese Initiative bleibt auch immer als Präzedenzfall bestehen.«

Viele Friedensleute waren der Meinung, daß Bertha von Suttners Appelle den Zaren entscheidend beeinflußt hätten. Aus Rußland schrieb ein Freund, er wüßte aus zuverlässiger Quelle, daß sich der Zar zu dem Manifest entschloß, nachdem er *Die Waffen nieder!* gelesen hätte. In Wirklichkeit war es wohl das Buch des kaiserlich-russischen Staatsrates I. v. Bloch *Der künftige Krieg in technischer, politischer und wirtschaftlicher Bedeutung,* das den entscheidenden Impuls hervorrief. Es belegte in Einzelheiten des Militärischen, Politischen und der praktischen Wirtschaft die Suttnerschen Ideen und brachte Statistiken, aus denen Bloch folgerte, daß bei einem Zusammenstoß die hochtechnisierten Armeen in einem Grabenkrieg stekkenbleiben würden, der zu einem ungewinnbaren »Abnützungskrieg« und in soziale Katastrophen führen müßte. Der Zar, den diese Gedanken sehr beeindruckten, empfing Bloch zu Audienzen und langen Gesprächen. Die Gefühle des Zaren beim Abfassen des Manifestes waren sicher getragen von echtem Friedenswillen. Daß seine Umgebung zustimmte, lag wohl eher an nüchtern-realistischer Einschätzung der augenblicklichen Situation. Für Expansionen in Ostasien mußte sich Rußland in Europa den Rükken freihalten. Auch herrschte in der Bevölkerung Unzufriedenheit über schlechte Lebensbedingungen. Die Landwirtschaft mußte dringend modernisiert und Sibirien für neue Siedlungen erschlossen werden. Man brauchte dazu europäisches Geld und konnte beim europäischen Rüstungswettlauf nicht mithalten. All das waren Gründe, dem Manifest zuzustimmen. Doch auch in dieser Gruppe von nüchternen russischen Politikern gab es Ausnahmen, wie den Leiter der Balkan- und Ostasienabteilung der Regierung, Wassilij, der die Friedenskongresse besucht hatte und von Bertha von Suttners Ideen beeinflußt war.

Die angesprochenen Regierungen antworteten auf das Manifest schnell, fast alle zustimmend, obgleich die Aufrüstung der Länder dadurch nicht gebremst wurde. Wie die meisten Führenden in der europäischen Politik in Wirklichkeit dachten, zeigte wohl am besten kurze Zeit darauf der Ausspruch Kaiser Wilhelms II. bei einem Bankett: »Der Friede wird nie besser gewährleistet sein als durch ein schlagfertiges, kampfbereites Heer, wie wir es jetzt in einzelnen Teilen zu bewundern und darüber uns zu freuen Gelegenheit hatten. Gebe uns Gott, daß es uns immer möglich sei, mit dieser stets schneidigen und guterhaltenen Waffe zu siegen.«

Auch in breiten Kreisen der deutschen Intellektuellen herrschten ähnliche Ansichten. So schrieb der Bildhauer Reinhold Begas: »Den allgemeinen Anschauungen, schlagfertige Armeen seien unproduktiv, kann ich mich nicht anschließen. Die Armeen sind Schutzmittel der Völker gegen Einbrüche ... Der Abrüstungsgedanke ist kein glücklicher. Man sollte froh sein, daß die schlottrige Gesellschaft zu einer männlichen Erziehung herangebildet wird.« Es war in Deutschland eine weitverbreitete Meinung, daß das Militär ein vorzügliches pädagogisches Zuchtmittel sei.

Führende Kaufleute plädierten für ein starkes Heer. Sie meinten, Deutschland müsse in aller Welt gefürchtet sein, damit der Handel geschützt würde.

Eins der absurdesten Argumente gegen das Manifest war, daß eine Abrüstung kulturfeindlich sei. Die *Heidelberger Zeitung* schrieb am 30. August: »Der Abrüstungsvorschlag des Zaren geht gegen die Natur und gegen die Kultur. Damit ist ihm das Urteil gesprochen. Freifrau von Suttner, die vor einigen Jahren ›Die Waffen nieder!‹ kommandierte und damit bei allen Männern einen Heiterkeitserfolg erzielte, erlebte zwar den großen Triumph, daß der Zar in ihren Ruf einstimmt, allein mehr wie eine kurze Freude wird für Frau von Suttner und alle guten Seelen nicht herauskommen…«

Felix Dahn stieß wieder Unkenrufe auf: »Die Reden der privaten Friedensfreunde sind nicht nur nichtig, das Friedenswort des Zaren ist vielleicht Anstoß zum Krieg.«

Die Sozialdemokraten begrüßten das Manifest, weil dadurch der Wahnsinn des Wettrüstens gestoppt werden sollte, doch stellte August Bebel in einer Rede auf dem Parteitag der SPD fest: »Die Sozialdemokratie ist mit dem Kaiser von Rußland darin einverstanden, daß die finanziellen Lasten, die diese unsinnigen Rüstungen den Völkern auferlegen, die Volkswohlfahrt in der Wurzel treffen und die geistigen und physischen Kräfte der Völker in unproduktiver Weise aufzehren. Der Parteitag konstatiert aber ausdrücklich, daß diese völkerverderbenden Rüstungen ausschließlich das Produkt des Ehrgeizes, der Eroberungs- und Herrschsucht der leitenden Klassen sind; daß die stehenden Heere eingestandenermaßen als Werkzeuge für die Unterdrückung der Völker und zur Aufrechterhaltung der Klassenherrschaft dienen und daß bisher es Rußland mit in erster Linie war, das auf diesem Wege voranging, wie denn auch das russische Volk noch gegenwärtig das einzige Kulturvolk Europas ist, das selbst der ersten Anfänge zur Selbstregierung entbehrt.«

Abrüstungen kamen durch das Manifest nicht zustande, aber auf längere Sicht hin die Haager Friedenskonferenz, die »Haager Landkriegsordnung« über den Schutz der Zivilbevölkerung, der Kriegsgefangenen und Partisanen und verbindliche Regeln der Kriegführung, wie das Verbot von Gift und von »Waffen, Geschossen oder Stoffen, die geeignet sind, unnötige

Leiden zu verursachen«, Regeln, die unterdessen längst wieder vergessen worden sind.

Der russische Außenminister Graf Murawjew und der britische Journalist und Pazifist William Thomas Steed reisten durch die Länder, um die Reaktion auf das Manifest des Zaren zu prüfen. Bertha traf mit beiden Politikern zusammen. Daß der junge Zar ehrlich von der Idee des Manifestes durchdrungen war, bestätigte ihr Steed. Er wollte auch den Vatikan für die Pläne des Zaren interessieren, erhielt aber keine Audienz. Mit Graf Murawjew redete Bertha in Wien fast eine Stunde lang. Der sympathische »russische Grandseigneur« sprach sehr gut Französisch. Trotz seines Einsatzes sah er die Lage nüchtern und dämpfte Berthas Enthusiasmus, indem er feststellte, daß das angestrebte Ziel nur sehr langsam zu erreichen sei. Er meinte, die erste Etappe müsse ein Stillstand aller Rüstungen sein. Danach könne man versuchen, allmählich abzurüsten. Doch dazu müsse es unbedingt kommen, stellte er fest, denn ein moderner Krieg sei »ein Ding der Unmöglichkeit«, er würde ganz sicher zum Ruin der kriegführenden Länder und zu Hungersnöten führen. Bertha veröffentlichte das Interview. Es erschien in der gesamten europäischen Presse, wurde viel beachtet und zeigte ihre große journalistische Begabung.

Die häusliche Situation in Harmannsdorf wurde durch die Erkrankung von Arthurs Schwester Lotti, Gräfin Sizzo, an einem Schlaganfall zusätzlich belastet. Lotti hatte im Garten Blumen gepflückt und war plötzlich zusammengebrochen. Die Schwestern pflegten sie liebevoll, doch wollte sie hauptsächlich den Bruder um sich haben. Der liebenswürdige, gutherzige Arthur war noch immer der Liebling des Hauses. Lottis Zustand verschlimmerte sich, schließlich lag sie in Agonie. Bertha hatte, sosehr sie mitten im Leben stand, noch nie einen Menschen sterben gesehen. Es beeindruckte sie tief. Die Fremdheit der eingefallenen Gesichtszüge und der rasselnde Atem verstörten sie. Doch als die Tote am nächsten Tag im weißen Atlaskleid, mit gelöstem Haar und Rosen in den Händen aufgebahrt war, übertrugen sich die Ruhe und Friedlichkeit des stillen, entspannten Gesichtes auf sie.

Vater Suttner konnte den Tod dieser Tochter, seines »Hendl«, wie er sie nannte, nicht verwinden. Der Neunundsiebzigjährige begann zu kränkeln, ging nicht mehr spazieren und sprach ab und zu wirr. Er versuchte noch, am

Geschehen der Welt teilzunehmen, indem er sich täglich von seinem Sekretär die Zeitung vorlesen ließ. Doch verschwieg man ihm, daß Kaiserin Elisabeth, die er glühend verehrte, von einem Anarchisten ermordet worden war. Wieder war es Arthur, den er in dieser letzten Zeit um sich haben wollte. Wenige Tage nach dem Tode der Kaiserin setzte er sich eines Morgens im Bett auf und fragte den Sohn, ob er noch schlafen dürfe, obgleich er eigentlich Briefe diktieren müsse, er sei so müde. Arthur legte ihn in die Kissen zurück und sagte: »Lieber Vater – schlafe!« Mit einem wohligen Seufzer legte sich der alte Mann auf die Seite und schlief für immer ein.

Nun mußte Arthur ganz allein die Last der Verantwortung für Harmannsdorfs Überleben tragen. »...auch unsere ganz reichlichen literarischen Einkünfte verschwanden im Abgrund«, schrieb Bertha. Nebenbei hatten sie außerdem ständig Familienstreitigkeiten zu schlichten. Bertha sehnte sich zunehmend nach Befreiung von diesen Verhältnissen.

Der Friedenskongreß 1898, der in Lissabon geplant war, fiel aus. Es traten statt dessen die beiden Berner Ämter zur Beratung an anderen Orten zusammen, die Interparlamentarische Union in Brüssel, das Internationale Friedensbüro in Turin, wo die Weltausstellung stattfand. Suttners fuhren nach Turin, froh, der häuslichen Misere entfliehen zu können.

Der Hauptverhandlungspunkt der Tagung war natürlich das Manifest des Zaren. Positive Ereignisse waren, daß im mittleren Afrika Frankreich und England ihre Interessen durch die Teilung des Nigergebietes friedlich mit Verträgen geregelt hatten, daß ein Schiedsgericht zwischen Frankreich und Brasilien die Grenzfrage in Französisch-Guayana befriedigte und daß der ständige Schiedsgerichtsvertrag zwischen Italien und Argentinien zustande kam.

Sorgen bereiteten Grenzstreitigkeiten zwischen Chile und Argentinien. Ein Krieg drohte. Da Eile geboten war, schickte der Kongreß Kabeltelegramme nach Buenos Aires und Valparaiso, in denen kurz der Vorschlag zu einer Schiedsgerichtsschlichtung formuliert wurde. Sie kosteten 900 Franken, eine Belastung für das nicht üppige Vereinsvermögen. Bertha meinte ironisch: »Verschwenderische Friedensfreunde! – Wenn man denkt, wie sparsam die Kriegsverwaltungen sind!« Zur großen Freude der Kongreßteilnehmer zeigte sich schon nach ein paar Tagen ein Erfolg. Chile und Argentinien unterbreiteten den Streitfall der englischen Königin, schlossen auf deren Vermittlung hin Frieden und schließlich einen Vertrag, jede künftige Streitfrage vor das Haager Tribunal zu bringen, die Rüstungen einzuschränken und Kriegsschiffe zu verkaufen. Zum Andenken an das Abkommen wurde in den Anden, auf einem Gipfel des Grenzgebirges, eine riesige Christusfigur aufgestellt.

Doch ließen sich noch allzu wenige Staaten auf eine friedliche Schlichtung durch ein Schiedsgericht ein. Der Kongreß beschloß, daß die Hauptarbeit der Mitglieder von nun an in Propaganda und Aufklärung im Sinne des Manifestes bestehen müßte. Auch die Massen waren bis jetzt relativ gleichgültig geblieben, und viele, die sich interessierten, hielten das Angebot des Zaren für einen Schwindel. Als die Mitglieder der Friedensvereine in ihre Heimatländer zurückgekehrt waren, gingen sie sofort ans Werk. Die Presse wurde eingespannt, Vorträge und Kundgebungen fanden in England, Italien, Frankreich, Deutschland und den skandinavischen Ländern statt. All diese Aktionen waren eine vorzügliche Vorbereitung auf die im Mai 1899 geplante Friedenskonferenz im Haag.

Auch in Österreich mußte dringend für das Manifest geworben werden. Wieder setzte sich Bertha von Suttner mit Elan dafür ein, schrieb Artikel für bedeutende Zeitungen wie *Die Neue Freie Presse* und das *Neue Wiener Tageblatt,* die mehrere Wochen lang unter der Überschrift *Internationaler Friedenskreuzzug* alle neuesten Nachrichten auf diesem Gebiet brachten. Außerdem wurden Vorträge und öffentliche Veranstaltungen organisiert, bei denen Bertha häufig sprach, zu denen sie aber auch andere Redner verpflichtete, wie Egidy, dessen zündender Vortrag bei den Zuhörern stets eine große Wirkung hervorrief. Besonders beeindruckt davon war auch der berühmte sozialkritische amerikanische Autor Mark Twain. In seiner trocken witzigen Art erklärte er, er wolle selber sofort abrüsten und legte »seine einzige Waffe«, ein Federmesser, auf das Rednerpult.

Anfang des Jahres 1899 wurde vom russischen Außenminister das Programm für den geplanten Haager Kongreß veröffentlicht.

15

Reden in Berlin und Nizza. Die Erste Haager Friedenskonferenz

Sicher war es nicht ganz im Sinne der Friedensvereine, daß sich sechs Programmpunkte mit humaneren Regeln für die Kriegführung befassen sollten und nur zwei mit Abrüstungs- und Schiedsgerichtsfragen. Allerdings waren diese Punkte noch nie auf so hoher politischer Ebene verhandelt worden.

Beide Suttners gingen auf Reisen, um für den Haager Kongreß zu werben. Bertha sprach in Berlin und lud Politiker der Stadt zu einer öffentlichen Debatte ein, unter anderen auch August Bebel. Er schrieb ihr: »Die Sozialdemokratie steht den dem Manifest zugrundeliegenden Gedanken sympathisch gegenüber. Sie ist bisher im deutschen Reichstag die einzige Partei gewesen, die der Entwicklung des Militarismus fast mit denselben Worten wie der russische Kaiser entgegengetreten ist; sie vertritt allein und konsequent die Idee der Völkerverbrüderung zwecks Förderung der gemeinsamen Kulturaufgaben der Menschheit.

Daß nun der Monarch eines Reiches wie das russische, dessen Politik bisher die Entwicklung des Militarismus in erster Linie förderte und notwendig machte, nunmehr als sein Gegner auftritt, ist hoch anerkennenswert, kann uns aber nicht verhindern, dem Vorgehen mit einem gewissen Mißtrauen zu begegnen, bis nicht durch entsprechende Tatsachen bewiesen wurde, daß dieses ungerechtfertigt ist. Die Einberufung der Konferenz mit dem bekannten, neuerdings veröffentlichten Programm genügt dazu noch nicht.

Auch sind es jedenfalls sehr gewichtige innerpolitische Gründe, die die russische Regierung veranlaßten, die Vertretung des kaiserlichen Planes zu übernehmen, was andernfalls kaum geschehen wäre. Auch ein absolut regierender Kaiser ist nicht allmächtig. Aus den kurz hier angeführten Gründen steht die Sozialdemokratie einer Agitation im Sinne des kaiserlichen Manifestes kühl gegenüber; sie kann nicht durch ein Hand-in-Hand-Gehen mit dieser Agitation die Verantwortung übernehmen für das, was zur Zustimmung und Verherrlichung des kaiserlichen Manifestes getan und gesagt wird...«

Von Berlin aus fuhren Suttners nach Nizza, wo Bertha ebenfalls sprach. Ihr Vortrag wurde begeistert aufgenommen, anders in Cannes, wo die elegante Gesellschaft nicht viel Interesse an weltpolitischen Problemen zeigte. Der Saal war dort halb leer und Bertha meinte resigniert:»Kein Animo. So miserabel wie diesmal habe ich nicht oft gesprochen.«

Doch bot dieser Rivieraaufenthalt auch nötige Erholung und Ablenkung. Sie waren zu Gast auf einem schönen Schloß, erlebten den großen Karneval mit dem Blütenrausch des Blumenkorsos, der Verbrennung des aus Stroh geflochtenen Prinzen Karneval und zahlreichen Einladungen in vornehmen Salons. Ihr ganzes Leben lang hatte Bertha, die oft klaglos sehr bescheiden lebte, Freude an diesen glanzvollen Festen mit ihren üppigen Diners und eleganten Roben. In ihrem Nachlaß befinden sich zahlreiche künstlerisch gestaltete Speisekarten der Festessen.

Nach Harmannsdorf zurückgekehrt, fanden sie viel Post vor. Die Friedensfreunde waren durch den geplanten Kongreß aufgestört wie ein Bienenvolk kurz vor dem Ausflug. Es gab viele ermutigende Briefe, aber auch eine Broschüre, die Bertha deprimierte. Der Münchner Professor von Stengel verherrlichte darin den Krieg und verhöhnte ironisch den kommenden Kongreß. Das hätte nicht viel Bedeutung gehabt, wenn nicht gerade dieser Mann die deutsche Regierung bei der Haager Konferenz vertreten sollte, obgleich die deutschen Friedensvereine dagegen protestiert hatten. Hier wurde Bertha klar, daß viele Politiker, die die eigentlich Handelnden des Kongresses sein würden, keine positive Einstellung zum Manifest des Zaren und zur Friedensbewegung hatten. Das war auch in Rußland bekannt geworden, und Ratgeber des Zaren versuchten, ihn dazu zu bewegen, vom Haager Kongreß Abstand zu nehmen, doch der Elan der Friedensvereine und Massenkundgebungen in England zugunsten des Manifestes ließen das nicht zu.

Die erste Haager Friedenskonferenz begann mit der Anreise der Teilnehmer am 18. Mai 1899. Insgesamt nahmen sechsundzwanzig Staaten teil, darunter alle europäischen, außerdem die USA, Mexico, China, Japan und Siam (heute Thailand).

»Der 18. Mai 1899!« schrieb Bertha von Suttner. »Daß es ein weltgeschicht-
liches Datum ist, das ich da niederschreibe, von dieser Überzeugung bin ich
tief durchdrungen. Es ist das erste Mal, seitdem Geschichte geschrieben
wird, daß die Vertreter der Regierungen zusammenkommen, um die Mittel
zu suchen, der Welt ›dauernden, wahrhaften Frieden zu sichern‹. Ob diese
Mittel in der heute zu eröffnenden Konferenz schon gefunden werden oder
nicht, das entscheidet nicht über die Größe des Ereignisses. In dem Suchen
liegt die neue Richtung.«

Am 19. Mai begannen die Veranstaltungen mit einer Feier zum Geburtstag
des Zaren in der russischen Kapelle, danach fand die erste Sitzung im
»Haus im Busch« statt. Nur fünfzehn Journalisten waren zugelassen, Bertha als einzige Frau. Es war für sie »die Erfüllung eines hochfliegenden
Traumes«. Nach allem Spott und aller Verachtung wurden ihre Ideen nun
durch die »hohe Politik« bestätigt.

Die folgenden Konferenzen der Politiker waren geheim, die Friedensleute
konnten nicht daran teilnehmen, doch versuchten sie, hinter den Kulissen
zu wirken. Bertha von Suttner war der Mittelpunkt aller dieser Bestrebungen. Durch ihre Beziehungen zu den verschiedensten Kreisen, zu hohen
Politikern und der Presse war sie stets gut orientiert. Sie wurde zu den meisten Empfängen eingeladen und traf dort mit den Delegierten zusammen.
Nun lernte sie auch Iwan von Bloch persönlich kennen, der durch sein Buch
den Zaren so stark beeinflußt hatte und mit dem sie schon lange korrespondierte. In ihrem Salon im Hotel trafen sich Friedensfreunde, Journalisten
und Politiker. Man besprach die Ereignisse auf den Konferenzen und versuchte, auf die Politiker Einfluß zu gewinnen. Bertha, nun eine bekannte
Journalistin, berichtete laufend europäischen Zeitungen, besonders der
Neuen Freien Presse in Wien, und übersetzte die bedeutendsten Reden ins
Deutsche. Wieder kam ihr zugute, daß sie in ihrer Jugend mehrere Sprachen fließend sprechen gelernt hatte.

Die Ergebnisse der ersten Konferenzen konnten die Friedensleute nicht
befriedigen. Die Genfer Konvention wurde erweitert, ihre Grundsätze auf
das Seekriegsrecht übertragen. Doch Bertha wollte keine »Humanisierung« des Krieges. Sie meinte, das könne den echten Frieden verhindern.
Der Heilige Georg sei ausgeritten, um den Drachen zu *töten*, nicht, um ihm
die Krallen zu schneiden, und in der amerikanischen Sklavenbefreiung

wäre man auch nicht dabei stehengeblieben, die Zahl der erlaubten Peitschenhiebe zu zählen. In der Schiedsgerichtsfrage kam man nicht voran, obgleich es einen neuen praktischen Fall gab. Der Präsident von Transvaal, Paulus Krüger, hatte vorgeschlagen, die Meinungsverschiedenheiten zwischen Südafrika und England einem Schiedsgericht vorzutragen. Doch die Engländer meinten, daß das ihre Souveränität in Frage stellen würde. Die Presse meldete sofort, nun wären die Schiedsgerichtsverhandlungen im Haag grundsätzlich gescheitert. Bertha dementierte in den ihr offenen Zeitungen. Doch gerieten die Verhandlungen tatsächlich immer wieder ins Stocken, vorwiegend wegen der deutschen Delegierten, die meinten, eine Staatssouveränität, auf die Deutschland keinesfalls verzichten könne, würde durch ein internationales Schiedsgericht beeinträchtigt. Die deutsche Presse gab den Delegierten Schützenhilfe. »Das widerwärtige Schauspiel im Haag«, hieß es da, und: »Die Konferenz der Absurditäten«, »der gegenwärtig betriebene heillose Unfug, der bei allen klardenkenden deutsch empfindenden Männern ehrliche Entrüstung erregen muß.« Man sprach von der »Camarilla im Haag«.

Auch in der Abrüstungsfrage ging es nicht voran. Aus London kam die böse Nachricht, daß das Unterhaus neue vier Millionen zu Kriegszwecken bewilligt hatte. In heftiger Debatte gaben Konferenzteilnehmer zu bedenken, daß die wachsenden Heeresmächte notwendig zu Kriegen drängen müßten und daß die Völker Europas durch die riesigen Aufrüstungskosten in unzumutbarer Form belastet würden. Der deutsche Oberst von Schwarzhoff hielt dem entgegen, sein Volk fühle sich nicht unter der Last der Steuern erdrückt, es eile »nicht dem Ruin entgegen«, im Gegenteil betrachteten die Deutschen die allgemeine Wehrpflicht nicht als eine schwere Last, sondern als eine heilige patriotische Pflicht, der sie Existenz, Zukunft und Wohlstand verdankten. So viel Gegenwind erlaubte keinen Abrüstungs-

◄ »Der bedrohte Frieden«, Karikatur aus dem »Kladderadatsch«. Bertha von Suttner, der englischen Königin Viktoria aus dem Fenster zurufend: »Bitte halten Sie doch Ihren Hund zurück!« Die Bulldogge stellt deren Premier Chamberlain dar

vertrag und brachte auch den Plan des Rüstungsstillstandes zu Fall. Alle Länder würden weiter aufrüsten.

Schließlich kam es zu einer lahmen Resolution:»Die Kommission ist der Ansicht, daß die Einschränkung der die Welt bedrückenden Lasten im höchsten Grade wünschenswert wäre für das Wachstum des materiellen und moralischen Wohls der Menschheit.«

Der einzige wirkliche Erfolg des Kongresses wurde endlich doch in der Schiedsgerichtsfrage erreicht, im Haag ein »Permanenter Schiedsgerichtshof« geschaffen und ein internationales Büro mit Schiedsrichterlisten eröffnet. Das *Haager Tribunal* sollte nach Regeln, die in der Konvention niedergelegt waren, schlichten.

Der Schwede Beron Bildt faßte schließlich in seiner Abschiedsrede zusammen, was die meisten empfanden:»Es ist nicht genug!«

Trotz allem war der Kongreß für Bertha ein bedeutendes Ereignis. Sie führte ein genaues Tagebuch und schrieb später danach ein dickes Buch von dreihundert Seiten, das 1900 veröffentlicht wurde. Auch in ihren Memoiren nimmt die Konferenz einen breiten Raum ein.

Persönlich war diese Zeit ein Höhepunkt in Berthas Leben. Als besondere Kennerin der Friedensinitiativen, begabte Journalistin und geschickte Diplomatin hinter den Kulissen war sie anerkannt, und viele Menschen suchten mit ihr Gespräche. Neue Freundschaften entwickelten sich, wie die zu dem russischen Volkswirtschaftler Bloch. Ihre Stellung als Frau war für die damalige Zeit ungewöhnlich emanzipiert. Und noch war Arthur an ihrer Seite. Er war und blieb der verständnisvolle Zuhörer, charmante Begleiter und bescheidene Bewunderer seiner bedeutenden Frau. Mit ihrer starken Erlebnisfähigkeit genossen beide das bunte Leben am Rande des Kongresses und die Begegnung mit Menschen aus fremden Ländern. Es muß damals bei den Empfängen und Diners ein farbenfrohes Bild gewesen sein, denn einige der Delegierten trugen Nationalkostüme, so der Gesandte von China und seine Familie seidene gestickte Gewänder. Die Frau war maskenhaft geschminkt, hatte Papierblumen im Haar und sah aus wie ein starres, liebliches Porzellanpüppchen. Auch die beiden türkischen Delegierten trugen Nationaltracht und der persische eine weiße, mit zahllosen Orden geschmückte Uniform, an der Mütze den persischen Löwen. Er berichtete Bertha, daß er in Persien das lateinische Alphabet habe einführen wollen, die Priester es aber verhindert hätten, weil sie den Gebrauch anderer Buchstaben als derjenigen des Korans als eine Sünde betrachteten. Es waren Einblicke in fremde Welten und fremde Leben, die doch manchmal ihr eigenes berührten. So erzählte ein junger Schwede, der in Upsala studierte, daß er eigentlich hätte Offizier werden wollen, ihn aber die Lektüre von Berthas Buch *Die Waffen nieder!* bewogen hätte, einen anderen Beruf zu wählen und gleichzeitig der Friedenssache zu dienen. Besonders mit jungen Kongreßteilnehmern sprach Bertha viel und erkannte, wie schwierig es für die Jugend war, sich von den Konventionen zu lösen und neuen Ideen zuzuwenden. Manche standen noch auf der Schwelle des Prozesses, so der junge Leutnant aus der französischen Delegation, der meinte, daß es ganz selbstverständlich in einer kultivierten Welt keine Kriege mehr geben dürfe – ausgenommen allerdings Kolonialkriege, die nötig und berechtigt seien.

All diese Begegnungen bewegten und beschäftigten Bertha, und sie trug sie neben den Kongreßberichten in ihr Tagebuch ein, eine nicht zu unterschätzende Leistung, die sie neben dem überfüllten Tageslauf abends leistete. Zur Ruhe kamen die Suttners nicht. Immer neue Besuche, Tees, Gabelfrühstücke, Diners und Bälle mußten besucht werden. Manchmal war es fast zuviel, aber es waren »Pflichtübungen«, weil sie hier Gesprächspartner finden konnten, auf die sie Einfluß ausüben wollten. Doch beide gingen gern auf Gesellschaften und hatten meistens Vergnügen daran, so an einem von der holländischen Regierung veranstalteten Künstlerfest, wo Nationaltänze aufgeführt und lebende Bilder gestellt wurden, darunter die »Nachtwache« von Rembrandt. Das Bild im Original sahen sie bei einem hektischen Ausflug nach Amsterdam, wo sie durch die Museen eilen mußten, sich aber eine halbe Stunde lang vor dem großen Rembrandtbild aufhielten und nicht vertreiben ließen. Danach genossen sie Grachten, Glockenspiele, Blumenkähne und schöne alte Häuser. Bei der Fahrt durch das blühende Land nach Scheveningen beeindruckte sie die »friedliche Landeroberung« der Holländer durch Deichbauten.

Schließlich wurden sie zu einer Soiree ins königliche Schloß gebeten, in die Pracht der goldglitzernden Säle mit spiegelnden Parkettböden, wo ordendekorierte Herren und diamanten- und blumengeschmückte Damen mit Schleppen und Reiherfedern auf den Köpfen vor Königin Wilhelmine und

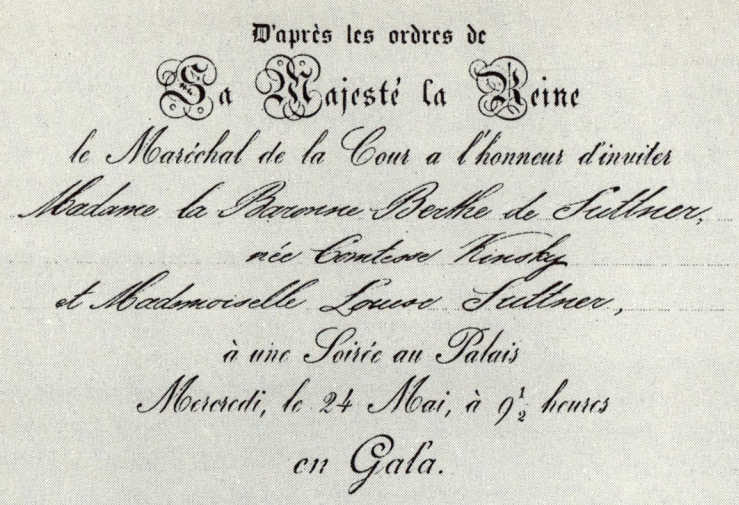

D'après les ordres de
Sa Majesté la Reine
le Maréchal de la Cour a l'honneur d'inviter
Madame la Baronne Berthe de Suttner,
née Comtesse Kinsky
et Mademoiselle Louise Suttner,
à une Soirée au Palais
Mercredi, le 24 Mai, à 9½ heures
en Gala.

Einladungskarte zum Empfang bei der holländischen Königin während des Friedenskongresses in Den Haag

der Königinmutter Emma tiefe Verbeugungen und Hofknickse vollführten. Am üppigen kalten Buffet trafen sich die Delegierten. Bertha war von einem Kreis von Herren umgeben. Nur die Deutschen »behandelten sie wie Luft«.

Typisch für die damalige Zeit und ihr Bedürfnis nach Symbolen war, daß bei einem Ball im Kurhotel in Scheveningen die Räume mit »Friedenslaub« und weißen »Friedenslilien« geschmückt waren und daß Bertha sich fotografieren ließ, weil ein Bildhauer die Sechsundfünfzigjährige als Friedensgöttin darstellen sollte. Voller Humor schilderte sie, wie der kleine, komisch humpelnde Fotograf »tok-tok-tok« aufgeregt im Atelier umherlief und sie mit weißen Stoffen, griechischer Haartracht und einem Palmzweig dekorierte. Selbstkritisch stellte sie fest: »...jung und schön soll man sein, um sich malen und meißeln zu lassen. Und nicht nur das ›Tok-tok-tok‹ meines Fotografen... kommt mir komisch vor, sondern auch dessen weißdra-

134

Seeschlacht bei Tsuschima 1905 im Russisch-Japanischen Krieg

Friedenskongreß in Luzern 1905

Nobelplakette

Nobelpreisträger 1905. Oben: Robert Koch, Medizin – Philipp Lenard, Physik –
unten: Adolf von Baeyer, Chemie – Bertha von Suttner, Friedenspreis

piertes, mit Friedensgemüse geschmücktes Modell. . . . aber lachen darf ich nicht.«

Bloch vermittelte Suttners schließlich eine Übersiedlung nach Scheveningen, wo sie es in den behaglichen Kurhausräumen mit schönen Möbeln und großen Fenstern zum Meer hin ruhig und gemütlich hatten. Von Freunden und Bekannten wurden sie mit Blumen, Früchten, Zeitungen und Büchern verwöhnt. Hier konnten sie sich von der Hektik des Kongreßlebens ein wenig erholen. Doch Berthas Mentalität erlaubte nicht, daß sie sich allzusehr zurückzog. Immerhin schrieb sie nun ungestört ihre Artikel und beantwortete die Berge von Post, die sie erhielt. Begeisterte Zustimmung zum Kongreß war darunter und herbe Kritik, auch Ratschläge, wie man den Ablauf effizienter gestalten, Vorschläge, wie man durch andere Aktionen als die geplanten zum Frieden kommen könne. So meinten Konstrukteure von Luftschiffen und Flugzeugen, die Eroberung der Luft würde automatisch Grenzen, Zollschranken und Festungen ad absurdum führen und damit Kriege sinnlos machen. Doch Bertha bedachte hellsichtig:»Oder aber, es beeilen sich die Kriegsminister, Luftflotten zu bauen? Und fliegende Ulanenregimenter zu bilden? Alle neuen Erfindungen werden ja stets von den Kriegsverwaltungen nutzbar gemacht. Dennoch bin ich überzeugt, daß jede technische Vervollkommnung, besonders alle Verkehrserleichterungen, schließlich doch dem Völkerfrieden vorbauen.« Dieser letzte Satz klingt etwas krampfhaft optimistisch. Sie *wollte* wie in ihrer Jugend glauben, daß wissenschaftliche Errungenschaften die Menschheit nur bessern konnten, doch Erfahrungen hatten sie anderes gelehrt.

Eine Reihe von Vorträgen, die ihr Freund Bloch hielt, waren für Bertha bedeutsam. Sie brachten neue Erkenntnisse. Der erste zeigte die historische Entwicklung der Schußwaffen auf. Bloch legte dar, daß die Wirkung neuester Waffentypen dreizehnmal stärker war als die der im Deutsch-Französischen Krieg verwendeten. Bertha notierte ironisch in ihr Tagebuch:»Nun, angesichts eines solchen schönen Resultates – man denke doch: dreizehnmal mehr Tote und Verstümmelte als mit dem primitiven Schußprügel – da wären doch viele Milliarden nicht zuviel – und die bringt man leicht auf, wenn man dem arbeitenden Volk die Lebensmittel etwas verteuert.«

◀ Bertha von Suttner 1909

Im zweiten Vortrag sprach Bloch von den Schwierigkeiten, in einem neuen Krieg die Verwundeten zu versorgen. Durch die neuen Waffen würde es in einem Kampf bald mehr Verwundete als Kämpfer geben, vielleicht seien nicht einmal genug Überlebende da, um die Toten zu begraben. Der dritte und der vierte Vortrag Blochs behandelten den Seekrieg und den Zukunftskrieg vom ökonomischen Standpunkt aus. Diese Zukunftsvisionen waren so vernichtend, daß einige russische Delegierte empört protestierten. Sie glaubten, Blochs Ansichten könnten die Kampfkraft der Soldaten schwächen, wenn sie bekannt würden. Mitglieder der starken Militärpartei aus engster Umgebung des Zaren versuchten sogar, den Zar zu bewegen, Bloch gefangenzusetzen.

Schließlich war das schöne Wetter vorbei. Der Regen klatschte an die Fenster des Kurhauses, das Meer war vom Sturm aufgewühlt, der Strand ausgestorben, die Badehütten fortgeräumt. War es die Anspannung, der trübe Himmel oder die Enttäuschung über die Ergebnisse des Kongresses? Bertha gab sich, was sie selten tat, einer melancholischen Stimmung hin: »Wahrlich, zur Traurigkeit Grund genug... Diese Konferenz, die der leidbeladenen, gefahrbedrohten Menschheit einen Weg weisen sollte, des Leids und der Gefahren... endlich ledig zu werden; wie stößt die Arbeit dieser Konferenz in der Außenwelt und in ihrer eigenen Mitte auf Unverständnis und Widerstand... Kalt, kalt sind alle die Herzen – kalt wie der Luftzug, der durch die gerüttelten Fenster hereinweht. Mich friert.«

Suttners mußten aus privaten Gründen noch vor Schluß der Konferenzen abreisen. Wie viele Freunde sie sich erworben hatten, merkten sie bei der Abfahrt. Ihr Zugabteil war überfüllt mit Blumensträußen und Konfektschachteln. Gegenseitige Ermutigungen für die gemeinsame Sache wurden durch das Abteilfenster hin und her gerufen. Man versicherte sich, daß dieser Kongreß ja nur ein Anfang und kein Schlußpunkt gewesen sei, daß weitere Konferenzen und Verhandlungen schließlich zum Ziel führen würden. Man versprach Bertha, sie über den weiteren Verlauf des Kongresses zu informieren.

Viele Wochen lang waren Bertha und Arthur von zu Hause fort gewesen. Nun hieß es, die Gedanken wieder auf das bedrohte Harmannsdorf zu richten.

Zu Hause herrschte die ständige Misere. Sie konnten nicht viel ändern, blieben nicht lange und fuhren Anfang August nach Norwegen, wo die Interparlamentarische Konferenz tagte. Iwan von Bloch hatte Suttners als Ehrengäste eingeladen. Zum erstenmal waren die USA vertreten. Bertha hielt die Amerikaner für wenig militaristisch und für fähig zu einer Politik, die kleinlichen Nationalismus überwand, sie glaubte an ihre Überlegenheit. »Von dort wird dem alten Weltteil der Impuls, das Beispiel – vielleicht die Notwendigkeit kommen, das Vereinigte Europa zu schaffen«, schrieb sie in ihr Tagebuch.

16
Verhandlungen, Kongresse – und immer wieder Kriege. Die ersten Nobelpreise

Während der Verhandlungen wurde wieder hart um ein Rüstungsstillstandsabkommen gerungen, schließlich aber festgestellt, man habe die Formel dazu noch nicht gefunden, sei aber auf dem besten Wege dazu. Später, 1908, fügte Bertha dieser Tagebuchnotiz bitter die Nachricht an, daß die Formel immer noch nicht gefunden worden sei.

Im Ringen um die Nobelstiftung zeichnete sich nun endlich ab, daß die Preise 1901 vergeben werden konnten. Man beschloß, mit den bisher angelaufenen Zinsen ein Nobelinstitut in Christiania zu gründen, eine Zentralanstalt für das Studium und die Entwicklung des Völkerrechtes.

Beeindruckt war Bertha von einer Begegnung mit Mitgliedern der norwegischen Frauenbewegung. Energisch forderten die Frauen das Recht auf eigene Persönlichkeit. Sie wollten nicht mehr nur »Gattinnen ihrer Männer« sein, kämpften für das Frauenwahlrecht und versicherten, kurz vor dem Ziel zu stehen. In Österreich und Deutschland war noch kein Gedanke daran. Bertha war interessiert, hat sich aber nie ausgesprochen für die Frauenbewegung engagiert. Vielleicht lag es daran, daß sie, ohne darüber viel nachzudenken, schon lange eine von Grund auf emanzipierte Frau war. Sie galt nicht als die »Gattin ihres Mannes«, sondern als eigenständige Persönlichkeit. Es kümmerte sie nicht, daß viele sie als »unweiblich« empfanden. Für sie war das wichtigste die Friedensfrage. Dafür setzte sie sich mit aller Kraft und Entschiedenheit ein. Viel Zeit blieb nicht, um sich noch für anderes zu engagieren. Sie wollte auf keinen Fall eine Trennung der Geschlechter in Politik und Leben akzeptieren. »Nicht als ob die Friedensfrage eine feminine Frage wäre, wie ihre Verächter oft behaupten – der ›Feminismus‹ ist ja auch nicht feminin – im Gegenteil, seine Widersacher werfen ihm vor, unweiblich zu sein. Beide Fragen sind Menschheitsfragen, sind Fragen des Menschenrechts.« Sie glaubte, daß beide Geschlechter ohne Unterschied zur Friedensarbeit aufgerufen seien. Doch viele Männer, die dem in Deutschland besonders herrschenden Männlichkeitskult huldigten, verspotteten sie als sentimentale, typisch weibliche »Friedensbertha« oder gar »Friedensfurie«, auch in ironischen Versen und Karikaturen. Auf einer läuft sie als rundliche Matrone mit einem Schmetterlingsnetz hinter dem davonflatternden Friedensengel her, der ihr eine Nase dreht.

Auf Ausflügen lernten Suttners Norwegen kennen. Einmal fuhren die Kongreßteilnehmer in hundertfünfzig Kutschen über das Land mit seinen silberblitzenden Seen und Fjorden, durch den dichten Hochwald und vorbei an zahllosen kleinen roten Häuschen. In der Nationalhymne, die Björnson gedichtet hatte, heißt es: »Land der tausend Heimstätten«. Zum Abschiedsfest wurde das Lied von einem Arbeiterchor gesungen, und Björnson berichtete, daß in Norwegen Arbeiter und Bauern mehr Anteil an geistigen und politischen Vorkommnissen nähmen als die höheren Schichten. Der Dichter hielt die abschließende Rede für den Kongreß. Gefühlvoll plädierte er dafür, daß die Politik ethischer werden, daß mehr Wahrheitsliebe in sie einkehren sollte. »Dazu mußte natürlich jeder Realpolitiker, der sich respektiert, mitleidig lächeln«, meinte Bertha.

Zu Hause in Harmannsdorf schrieb sie alles, was sie erlebt hatte, nieder, veröffentlichte es in Zeitungen und arbeitete am großen Buch über den Haager Kongreß. Die Redaktion der Zeitschrift *Die Waffen nieder!* gab sie auf. Sicher hatte sie zu wenig Zeit, Autoren heranzuziehen und fremde Artikel zu redigieren. Vielleicht fehlte ihr als Herausgeberin auch die nötige Erfahrung. Dazu kam noch, daß sie nicht ausschließlich in Vereinsblättern, die hauptsächlich von Mitgliedern gelesen wurden, veröffentlichen wollte. Seit dem »Murawjew-Interview« war sie als Journalistin bei bedeutenden österreichischen und deutschen Zeitungsredaktionen geschätzt. Hier

»Die Friedens-Bertha«, Karikatur aus der »Lustigen Woche«

konnte sie ihr »Wichtiges« einem größeren Forum nahebringen. Die Zeitschrift *Die Waffen nieder!* ging allerdings nicht ein. Fried gab sie nun unter
dem Titel *Friedenswarte* heraus, in der Bertha nach wie vor veröffentlichte.
Ihre Artikel waren klar und voller Verantwortung zur Wahrheit. Sie hatte
stets gut recherchiert. Manches, was uns heute darin gefühlsselig und ein
wenig schwülstig erscheint, entsprach dem Zeitgeschmack. Nur so wurde

der Stoff von den Lesern angenommen. Nie verfiel Bertha der Sensationsmacherei. Sie haßte Blätter, die auf diese Weise ihr Geld verdienten, und nannte sie »die hetzende, verleumdende, gewaltherrliche gelbe Presse«. Sie wußte, daß diese immer gegen ein friedenbringendes Schiedsgericht sein würde, weil Kriege mehr Sensationen boten.

Fried führte seinen Verlag weiter. Mit der Deutschen Friedensgesellschaft hatte er seit ihrer Gründung im Jahre 1892 in Berlin nicht soviel Glück. In dieser kaisertreuen Stadt, die eine Hochburg des Militarismus war, konnte sie nicht gedeihen. Die Vorsitzenden waren untereinander zerstritten, und Fried verstand nicht, souverän die Zügel in die Hand zu nehmen. In seinem Ärger machte er die Streitigkeiten öffentlich bekannt. Schließlich verlegte man 1900 den Sitz der Deutschen Friedensgesellschaft von Berlin nach Stuttgart. Ein Unternehmer aus Pforzheim, Adolph Richter, wurde der Vorsitzende, ein Stuttgarter Pfarrer, Otto Umfried, sein Stellvertreter. Hier lief das Vereinsleben in ruhigeren liberalen Bahnen ab, doch viel mehr als 9000 Mitglieder hatte der deutsche Friedensverein nie.

Immer wieder gab es Rückschläge in der Friedenspolitik. War in England zur Zeit des Zarenmanifestes die Friedenspartei sehr stark gewesen, schien nun durch politische Schwierigkeiten in Südafrika die Kriegspartei die Oberhand zu gewinnen. Die Buren, Nachkommen der in Südafrika angesiedelten Holländer, hatten die selbständigen Republiken Oranje und Transvaal gebildet. Sie wollten als Amtssprache nicht mehr das Englisch der Mandatsregierung anerkennen. Außerdem waren sie nicht mit der Eingeborenenpolitik der Briten einverstanden, die durch die Sklavenbefreiung beeinflußt war. Die Buren glaubten, daß ihnen dadurch billige Arbeitskräfte entzogen würden und damit ihre wirtschaftliche Grundlage gefährdet wäre. Sie wollten das britische Joch abschütteln und selber regieren. In England herrschte darüber große Empörung. Der Nationalismus schlug hohe Wellen. Die Pazifisten versuchten, einen Krieg zu verhindern, galten damit aber als Landesverräter. Es gab bei Friedensveranstaltungen Saalschlachten, so daß die Inhaber der Lokale ihre Säle dafür nicht mehr vermieten wollten. Der Krieg zwischen England und Südafrika war nicht zu vermeiden. Die Haager Konferenz schien nutzlos gewesen zu sein.

Doch Bertha wollte nicht verzweifeln. Sie redete sich zu:»Betrübt und erzürnt über diese Wendung der Dinge waren die Pazifisten alle; verzagt –

keiner. Daß die Linie des Fortschritts manchmal eine Strecke zurückläuft, um dann wieder desto weiter nach vorwärts zu schnellen, das weiß man ja...«

Sie sah ein, daß die Engländer nicht nur aus »Blutgier« in den Krieg zogen, daß viele von »edlen Motiven« ergriffen waren, daß sie die Eingeborenen »befreien«, dem Vaterland zu seinem »Recht« verhelfen wollten. Doch Bertha meinte: »Ziel und Zweck können ja lobenswert sein, nur daß das Mittel so unheilig und verkehrt ist...«

Welche Bedeutung Bertha von Suttners Meinung über diese Fragen damals in der Welt hatte, zeigt ein langer Brief, in dem die Schwester des Präsidenten von Transvaal Paulus Krüger ihr gegenüber den Standpunkt der Buren verteidigte:

»Wir geben unsere liebsten Menschen dahin – zu Tausenden –, um Unrecht in Recht zu verwandeln, um die Unterdrückung unserer weißen und schwarzen Mitbürger abzuschaffen und um einer äußerst ungerechten und in hohem Maße korrupten Regierungsform ein Ende zu machen. Wir geben sie auch dahin, um zu verhindern, daß uns unsere Kapkolonien Natal, Rhodesien und Betschuanaland, die wir zu verschiedenen Zeiten mit unserem Blut und unserem Geld erobert haben, entrissen werden. – Das ist die einfache Wahrheit. Wir wünschen, daß hochgesinnte Menschen im Ausland diese Wahrheit kennen und anerkennen. Wenn das jedoch unmöglich ist, können wir nur den alten Schlachtruf unserer Vorväter wiederholen: ›Möge Gott den Gerechten beistehen!‹«

Bertha erkannte mit Bitterkeit, daß wieder beide Seiten meinten, einen gerechten, Gott wohlgefälligen Krieg zu führen.

Ein zweiter Krieg erregte die Welt. In China wurde 1900 der deutsche Gesandte von Ketteler beim Aufstand des Geheimbundes der »Boxer« ermordet.

Banden von chinesischen Bauern, Kleinbürgern und entlassenen Soldaten hatten sich gegen die im Lande lebenden Fremden mit ihren ungeschickten Christianisierungsversuchen, die außerdem den Handel beherrschten, erhoben. Sie machten sie für die Verarmung und politische Unsicherheit im Lande verantwortlich. Der deutsche Kaiser schwor, Kettelers Tod zu rächen, mobilisierte die Truppen und erklärte großspurig: »Pardon wird nicht gegeben... noch in tausend Jahren darf kein Chinese wagen, einen Deutschen scheel anzusehen!« Bertha kommentierte: »Ach mein Gott, in tausend Jahren wird doch hoffentlich kein Mensch mehr den Menschen Furcht einflößen!«

Noch eben hatte Arthur vom chinesischen Gesandten in Petersburg, den sie im Haag kennengelernt hatten, einen Brief erhalten: »...ein einziger Funke genügt, um die Leuchtfeuer des Friedens für immer zu entzünden. Möchten Säbel und Kanonen, von denen Sie sprechen, sich bald zu Pflugscharen verwandeln...! Ich war auf einer Studienreise in den Vereinigten Staaten, in Peru und anderen südamerikanischen Ländern, in Österreich-Ungarn, Deutschland, England, Spanien, Frankreich, Holland, Japan und Rußland, und überall, wo ich war, habe ich die Gewohnheiten der Völker studiert und mich besonders für die Armen, den Handel und die Landwirtschaft interessiert, die ich zur höchsten Vollkommenheit entwickelt fand. Ich habe gesehen, was diese Verwaltung von unserer unterscheidet und was davon für uns nützlich wäre. Aber was sage ich! Dieser ewige Neid und die Eifersucht bei allen Völkern tun der Vollkommenheit großen Abbruch. Wenn ich etwas wünschen könnte, so möchte ich sehen, wie sich alle Länder über diese Gefühle erheben und fortan in dem guten Willen leben, der ihnen einen dauernden Frieden sichert...«

Ein Funke war gefallen, hatte aber nicht das Friedensfeuer entzündet, sondern die Kriegsfackel. In China entbrannte ein Kampf, der von beiden Seiten mit unglaublicher Grausamkeit geführt wurde, in dem man plünderte, folterte, mordete und ohne Erbarmen unschuldige Zivilisten, Frauen und Kinder abschlachtete. Die Kriege wurden immer schrecklicher, die Möglichkeiten zum Quälen und Vernichten durch die höher entwickelte Technik immer raffinierter und grausamer.

Im Spätsommer fuhren Suttners zum Friedenskongreß nach Paris. Da ihre finanzielle Lage noch immer bedrückend war, konnten sie sich das nur leisten, weil der Millionär Bloch sie einlud, zusammen mit ihm und seiner Familie auf seine Kosten im selben Hotel zu wohnen. Seine Frau und die hübschen, eleganten Töchter gefielen Suttners sehr. Auf einer Konferenzveranstaltung traf Bertha das erste Mal mit einer anderen bedeutenden Friedenskämpferin zusammen, der französischen Journalistin Madame Séverine. Die zierliche Dreiundvierzigjährige hatte schon weißes Haar, wirkte aber durch ihr lebhaftes Mienenspiel und die sprudelnde Beredsamkeit sehr jugendlich. Sie begrüßte Bertha mit den Worten: »Notre sœur d'Autriche!« und umarmte sie unter dem Jubel der Zuhörer.

Die allgemeine Öffentlichkeit interessierte sich immer weniger für Friedensfragen. Das wurde auf dem Kongreß nüchtern festgestellt, doch man schwor sich, nicht zu ermüden und weiter alle Mittel für die große Sache einzusetzen. Einige Kongreßmitglieder wollten auf Vortragsreisen gehen, so der Franzose d'Estournelles in Frankreich, und Bertha würde in Österreich und Deutschland immer neu vom Manifest des Zaren und dem Haager Kongreß berichten.

Am 12. Juni 1901 feierten Bertha und Arthur ihre silberne Hochzeit. Sie hatten keine Lust zu einem großen Familienfest, sondern entflohen wieder aufs Land, wanderten, erinnerten sich, und Bertha bemerkte in ihrem Tagebuch: »Seliger Tag! Der Rückblick auf fünfundzwanzig Jahre ungetrübter Lebenskameradschaft!« Sie unterdrückte den Gedanken an die vorausgegangene Entfremdung, die wohl auch längst überwunden war.

Trotz ihrer vielen Arbeit und der nie endenden Sorgen um das Gut fanden sie beieinander immer wieder Zuflucht und Heiterkeit. In ihrer knappen Freizeit musizierten sie, lasen zusammen, spielten Schach, machten Spaziergänge. Bertha bemühte sich, neben dem jüngeren Arthur möglichst jugendlich zu bleiben. So beschloß sie, ihres Übergewichtes wegen, Radfahren zu lernen. Sie hatte die auf Stahlrössern Davoneilenden immer beneidet. Doch diese Kunst war nicht so leicht, wie sie gedacht hatte. Ein Diener des Schlosses wurde ihr Lehrer. Auf der einen Seite half der Mann ihr auf das Rad hinauf, auf der anderen fiel sie vom Sattel herunter, wieder und wieder. Arthur schaute besorgt zu und fragte schließlich, ob sie es nicht lieber mit einem Dreirad versuchen wollte. Doch wie stets, gab sie auch diesmal nicht nach. Schließlich blieb sie oben, fuhr zuerst etwas wacklig und rammte ein paar Bäume. Aber dann hatte sie begriffen, wie man das Gleichgewicht halten mußte, und sauste »fesch« und triumphierend durch die Alleen. Dieser Sport machte ihr großes Vergnügen, sie nahm an Gewicht ab und fühlte sich frischer und jünger.

Das große Ereignis des Jahres 1901 war die erste Verleihung der Nobelpreise am 10. Dezember zu Nobels Todestag. Den Preis für Medizin erhielt der Deutsche Emil von Behring für die Entdeckung der Diphtherie- und Tetanus-Antitoxine und die Erkenntnis ihrer Anwendungsmöglichkeiten als Heilseren. Den Preis für Chemie vergab man an den Niederländer Jacobus Hendricus van 't Hoff für seine Arbeiten über Elektrolyse und die Entdeckung des Gesetzes des Osmotischen Druckes. Der Preis für Physiologie ging an Wilhelm Röntgen für die Entdeckung der X-Strahlen, der Literaturpreis an den Franzosen Sully Prudhomme, einen Lyriker und Verfasser von heute überholter »Gedankendichtung«, in der in poetischer Form Erkenntnisse der Psychologie, Geschichte und Naturkunde behandelt wurden.

Nicht ohne Grund hatte Bertha erwartet, den Friedensnobelpreis zu erhalten. Doch man überging sie. Der Preis wurde geteilt. Die eine Hälfte erhielt Frédéric Passy, die andere Henry Dunant.

Mit der Auszeichnung von Passy, dem Mitbegründer der »Société française des amis de la paix« und Präsidenten der Interparlamentarischen Union, war Bertha einverstanden, mit der von Dunant nicht. Obgleich sie dessen Lebenswerk hoch schätzte, fand sie, daß ihm der Friedensnobelpreis nicht zustand, weil Dunant mit seinen Aktionen stets für eine Humanisierung des Krieges, nicht aber für dessen Abschaffung gewirkt habe. Sie meinte, wenn in bestimmten Punkten ein Krieg nicht mehr ganz so unmenschlich sein würde, könnte das den Befürwortern von Kriegen zum Vorwand dienen, sie für tolerierbar zu erklären. Sicher hat sie sich für viel berechtigter gehalten als Dunant, den Preis zu erhalten, und nicht zu Unrecht hat sie auch geglaubt, daß das in Nobels Sinne gewesen wäre. Hatte dieser doch ausdrücklich vermerkt, daß auch Frauen den Preis zugesprochen bekommen könnten.

Aber sicher war Bertha angerührt von einem Brief Dunants an sie: »Hochgeehrte Frau! Es drängt mich, Ihnen, gnädige Frau, an dem Tage meine Huldigung darzubringen, da mich ein offizielles Telegramm aus Christiania benachrichtigt, daß mir (zugleich mit meinem langjährigen und ehrwürdigen Kollegen Frédéric Passy) der Nobelfriedenspreis zuerkannt worden ist.

Dieser Preis, gnädige Frau, ist Ihr Werk, denn Sie sind es, durch die Herr Nobel in die Friedensbewegung eingeweiht worden ist, und auf Ihr Zureden hat er sich zu deren Förderer gemacht. Seit mehr als fünfzig Jahren bin auch ich ein erklärter Anhänger des internationalen Friedens und ein Kämpfer unter der weißen Fahne. Das Werk der Völkerverbrüderung war seit jeher mein Zielpunkt, von meiner frühesten Jugend an. Ich sage und wiederhole dies heute eindringlicher denn je in meiner Eigenschaft als Gründer der universellen Institution vom Roten Kreuz und als Anreger der Genfer Konvention vom 22. August 1864.

Als ich im Jahre 1861 mein ›Souvenir de Solferino‹ schrieb, war mein Ziel hauptsächlich – seien Sie überzeugt – die allgemeine Pazifikation; ich wollte so viel als möglich in den Lesern meiner Schrift Abscheu vor dem Krieg erwecken...«

Anläßlich des zehnjährigen Bestehens der Österreichischen Friedensgesellschaft schickte Dunant an Bertha von Suttner ein Telegramm mit Glückwünschen und der Bitte, ihn als lebenslängliches Mitglied einzutragen.

Am Neujahrstag 1902 geschahen im Alltagsleben der Suttners allerlei unbedeutende kleine Unfälle. Arthur meinte scherzend: »Du wirst sehen, das wird ein schlimmes Jahr werden!« Sie lachten darüber, denn sie waren nicht abergläubisch. Und doch wurde es das schwerste und bitterste Jahr ihres Lebens.

17

Das schwerste Jahr: Tod Arthur von Suttners

Dabei begann es sehr angenehm. Für ihr Buch *Marthas Kinder* erhielt Bertha vom Verlag Pierson das stattliche Honorar von 15 000 Mark, für damalige Verhältnisse eine große Summe. Die Erhaltung von Harmannsdorf wurde damit wieder für eine Zeit gesichert. Außerdem konnten sie nun im April am Friedenskongreß in Monaco teilnehmen. Sie bestellten Schlafwagenkarten und Hotel, packten die Koffer. Doch einige Tage vor der Abreise fühlte sich Arthur nicht wohl. Er klagte über starke Schmerzen im rechten Knie. Der Arzt kam, wickelte das Bein und stellte es ruhig. Der Zustand besserte sich in den nächsten Tagen nicht wesentlich, und Arthur mußte auf die Reise verzichten. Am liebsten hätte Bertha den Monaco-Plan auch aufgegeben, sie war besorgt. Doch weil sie dort einen Vortrag halten sollte, beschwor Arthur sie zu fahren. An seiner Stelle begleitete sie Gräfin Pötting, eine Freundin der Suttners, die sie »die Hex« nannten.
Bertha konnte den Aufenthalt in Monaco nicht recht genießen. Die Schönheiten der Landschaft, der strahlende Himmel, Meer und Blütenpracht erschienen ihr ohne Arthurs Freude daran matt. Täglich wechselten sie schriftliche Nachrichten und Telegramme. Wie innig die Bindung der beiden war, zeigen zwei Briefe Arthurs:
»Mein altes Herzenslöwos! Das waren traurige Stunden der Einsamkeit und Verwaisung nach Deiner Abfahrt. Da habe ich so recht spüren können, wie Du mir ans Herz gewachsen bist, mein teures, teures Alt's!«
Und einen Tag später: »Mein teures Löwos! Zehn Uhr! Du stehst vielleicht gerade auf der Tribüne und hältst Deine Ansprache, die ja kurz ist. So nehme ich am Kongreß, soweit ich ihn verfolgen kann, teil. Zeitungsnachrichten wird es darüber wohl keine regelmäßigen geben.

Gestern war Chimani (der Arzt) da. Konstatierte zwar Besserung, doch immer noch Entzündung; daher strenges Verbot jedes Aufstehens. Deine Depesche habe ich gestern erst um halb neun Uhr abends erhalten. War schon ein bißchen unruhig, da gar nichts kam. Meine Antwort, die ich dem Boten mitgab, kannst Du wohl erst heute erhalten haben. Heute schöner Sommertag – und ich liege dabei im Bett. Habe schon Sehnsucht hinaus... Dank der Hex für ihre Karte und Brudergruß. Dir Küsse aufs Löwenmaul von Deinem.«

Albert I. von Monaco hatte das Patronat für den Kongreß übernommen. Der noch jugendlich wirkende vierundfünfzigjährige Fürst interessierte sich besonders für Tiefseeforschung, war aber außerdem für die verschiedensten Belange des Lebens und der Politik aufgeschlossen. Bei der Eröffnungssitzung reichte er Bertha die Hand und sagte, er freue sich außerordentlich, sie zu sehen. Schon lange bewundere er ihre Hingabe an die Friedenssache. Er selber wolle nach Kräften dabei mitarbeiten.

Bei den Konferenzen war der Burenkrieg ein Hauptthema. Er wollte kein Ende nehmen. Die Buren kämpften hartnäckig. Es gab viele Opfer auf beiden Seiten, die Engländer schifften immer neue Truppen nach Afrika ein. Die Friedensvereine appellierten an die neutralen Mächte, etwas dagegen zu unternehmen. Doch diese waren nicht dazu bereit, den kriegführenden Parteien in den Arm zu fallen. Nützlicher und einträglicher war für sie, Waffen und Pferde nach Afrika zu liefern. An die Haager Konvention wurde nicht mehr gedacht.

Weil der Kongreß auch ein Forum für alle Verfolgten sein sollte, wurden die zornigen Anklagen des Franzosen Pierre Quillard gegen die Türkei wegen grausamer Massaker an den Armeniern angehört. Man war entsetzt, doch was konnte man tun? Es blieb bei Protesten. Die Macht der Friedensparteien nahm ab. Die Realpolitiker distanzierten sich. Bei den Kongreßmitgliedern griff Resignation um sich.

Da waren die Feste eine willkommene Ablenkung. Monaco fühlte sich geehrt, daß der Kongreß in seinem Lande stattfand. Die Stadt veranstaltete für die Delegierten eine Art »Venezianische Nacht«. Die Schiffe im Hafen wurden beleuchtet, Fackelzüge durchstreiften die Straßen, Feuerwerk sprühte auf. Überall erklang Musik. Auf einer Höhe war ein Zelt aufgeschlagen, von dem aus die Kongreßteilnehmer alles überblicken konnten.

Der Fürst, der Bertha deutlich auszeichnete, hatte neben ihr Platz genommen. Er lud die Delegierten ein, sein Schloß zu besichtigen, einen bizarren, altertümlichen Bau mit Zinnen, Türmen und Säulengängen, hoch auf dem Felsen gelegen. Über und über blühte es um das Gemäuer, und haushohe Palmen streckten ihre gefiederten Blätter aus. Für diese Pflanzenwelt hatte man jede Erdkrume von tief unten heraufschaffen müssen. Die prunkvollen Räume, in denen abends ein Galaempfang stattfand, waren mit Kerzen und Blumen reich geschmückt.

Beim Schlußbankett präsidierte der Fürst zwischen Bertha und Madame Séverine. In seiner Tischrede sagte er:»Es erfüllt mich mit Stolz und Freude, in der Friedensbewegung einen Platz einzunehmen; denn das wissenschaftliche Werk, dem mein Leben gewidmet ist, braucht zu seiner Entwicklung den Sieg des Friedenswerkes, den Sieg über das grausame Erbe primitiver Barbarei, den Sieg über den kriegerischen Geist, der die Früchte der Zivilisation vergiftet.«

Als Bertha nach Harmannsdorf zurückkehrte, war die Wiedersehensfreude groß. Das erste Mal war sie von Arthur mehrere Tage lang getrennt gewesen. Sie mußte alles genau erzählen und zahlreiche Grüße und Genesungswünsche übermitteln. Arthur ging es gesundheitlich nicht viel besser, das Knie schmerzte nach wie vor. Noch längere Zeit mußte er im Bett bleiben. Als er das erste Mal aufstand, bekam er starkes Herzklopfen, was sich in der nächsten Zeit wiederholte. Bertha war tief besorgt. Er versuchte sich aufzuraffen und bestand darauf, einer Einladung der Witwe des kürzlich verstorbenen Iwan von Bloch in die Schweiz zu folgen. Die Witwe hatte dort ein Museum gegründet, das mit Bildern, Statistiken und Waffen Blochs Theorien aus dem Buch *Der Krieg* belegen sollte. Zur Eröffnung waren die wichtigsten Friedensleute geladen worden.

Eine zweite Einladung, die Bertha zu einer Vortragsreise aus Amerika erhielt, lehnte sie ab. Sie wollte Arthur nicht allein lassen, behauptete ihm gegenüber aber, diese ferne Welt sei ihr»verwirrend fremd«. Sie lebten den Sommer über still und zurückgezogen in Harmannsdorf. Ab und zu kam Besuch, so die Fürstin Tamara aus Georgien mit ihren beiden Töchtern und später Emanuel Nobel, jener Neffe des großen Stifters, der durchgesetzt hatte, daß das Testament seines Onkels erfüllt wurde. Bertha fand, daß er dem Onkel sehr ähnlich sah, und bemerkte bei ihm »denselben Ernst, dieselbe Tiefe, dieselben weiten demokratischen Ideen«. Emanuel war äußerst wohlhabend und als Kaufmann erfolgreich. Auch er war unverheiratet, kümmerte sich aber intensiv um die weitere Nobel-Familie. Bertha blieb mit ihm in brieflichem Kontakt.

Im August verbrachten die Suttners Ferien auf einem Schloß von Freunden in Nordböhmen. Es waren ruhige Tage, nur einmal gab es ein großes Fest zu Berthas Ehren. Die Bevölkerung der Gegend war stolz, die berühmte Frau aus dem böhmischen Geschlecht der Kinskys in ihrer Mitte zu haben. Die Menschen aus den Dörfern zogen mit Fackeln und Musik zum Schloß hinauf und huldigten Bertha, die auf der Terrasse saß. Durch ein Feuerwerk wurde das Wort »Pax« in den Himmel geschrieben. Die Rede, die ein Lehrer in böhmischer Sprache hielt, mußte sie sich allerdings übersetzen lassen:»Glücklich unsere Nachkommen, denen dieses Wort am politischen Horizont leuchten wird – nicht als flüchtiges pyrotechnisches Spiel, sondern als unverrückbares Wahrzeichen.«

Dieser naive Glaube rührte Bertha, denn sonst ließ die politische Lage sie oft fast verzweifeln. Doch endlich kam wieder ein Schiedsgerichtsurteil zustande. Die USA und Mexiko lagen im Streit um Kirchengüter. Ein Krieg drohte. Der französische Diplomat und Politiker d'Estournelles versuchte zu vermitteln, indem er sich als Mitglied des Internationalen Schiedshofes an Präsident Roosevelt wandte:

»Sie können eine Gefahr oder eine Hoffnung für die Welt sein, je nachdem Sie sich entscheiden werden: für die Eroberung oder für den Schiedsspruch, für Gewalt oder für Gerechtigkeit. Man glaubt, daß Sie auf seiten der Gewalt sind – beweisen Sie das Gegenteil!«

Roosevelt ließ sich überzeugen, und der Haager Schiedsgerichtshof regelte die Angelegenheit friedlich. Wieder zeigte es sich, daß man in der Friedensarbeit nicht aufgeben durfte. Manche Großen der Welt schienen ansprechbar zu sein.

Die Interparlamentarische Konferenz, die im September in Wien hatte stattfinden sollen, kam aus politischen Gründen nicht zustande, doch Bertha beachtete das kaum. Sie hatte andere Sorgen. Schon in Böhmen fing Arthur an zu verfallen. Er war schwach, elend, und Schmerzen quälten ihn ständig. Von nun an ging es mit ihm laufend bergab. Bald konnte er nicht mehr aufstehen, und Bertha pflegte ihn mit aller Hingabe. Täglich beschrieb sie seinen Zustand in ihrem Tagebuch. Dieses wurde nun »ihr bester Freund«, denn der Familie wollte sie ihre Sorgen und Kümmernisse nicht zumuten.

Am zehnten Dezember rief Arthur noch einmal Berthas Namen und fiel dann in Agonie. Die beiden behandelnden Ärzte, die Schwestern Louise und Pauline, die junge Marie Louise und Bertha saßen um das Bett des Sterbenden. Man konnte nichts mehr für ihn tun. Als er gestorben war, küßte Bertha ihn noch einmal und hielt dann die Totenwache, sah in das vertraute Gesicht, das ein Lächeln trug. Für sie war der Schmerz kaum zu ertragen, daß die geliebten Augen sie nicht mehr anblickten, daß er nie mehr zu ihr sprechen würde.

Bis zum dreizehnten Dezember lag Arthur von Suttner aufgebahrt, dann wurde der Tote, von Haus- und Dorfbewohnern beweint, nach Eggenburg gebracht. Obgleich er Katholik war, hatte Arthur den Wunsch geäußert, verbrannt zu werden. Sicher fand das nicht den Beifall der Familie, doch Bertha und Arthur standen durch ihre philosophischen und naturwissenschaftlichen Studien schon lange außerhalb der Konfessionen. Wien hatte damals noch kein Krematorium, so fand die Einäscherung am 16. Dezember in Gotha statt. An einem Wintertag begrub Bertha die Urne im tiefverschneiten Park an einem von Arthurs Lieblingsplätzen.

Bis über den Tod hinaus spürte sie seine Liebe. In Arthurs Testament hieß es:»Und nun, Meine, noch ein Wort Dir: Dank. Du hast mich glücklich gemacht, Du hast mir geholfen, dem Leben die schönsten Seiten abzugewinnen, mich desselben zu freuen. Keine Sekunde der Unzufriedenheit hat es zwischen uns gegeben, und das danke ich Deinem großen Verstande, Deinem großen Herzen, Deiner großen Liebe!

Du weißt, daß wir uns in Pflicht fühlen, unser Scherflein zum Besserwerden der Welt beizutragen, für das Gute, für das unvergängliche Licht der Wahrheit zu arbeiten, zu ringen. Mit meinem Heimgang ist für Dich diese Pflicht nicht erloschen. Das gute Andenken an Deinen Gefährten muß Dich aufrechterhalten. Du mußt in unseren Intentionen weiterarbeiten, um der guten Sache willen die Arbeit fortsetzen, bis Du am Ende der kurzen Lebensstation anlangst. Mut also! Kein Versagen! In dem, was wir leisten, sind wir einig, und darum mußt Du trachten, noch viel zu leisten!«

Mut brauchte Bertha, um weiterzuleben. Sie sehnte sich danach, auch zu

Auf Vortragsreise in Berlin 1912

»Krieg«, Gemälde von Wilhelm Schulz, 1907

◄ Wilhelm II., Deutscher Kaiser und König von Preußen

sterben, doch die Forderungen, die er an sie stellte, banden sie an das Leben. Sie war keine schwache Frau und raffte sich auf. Die Gespräche mit Arthur führte sie im Geiste weiter und schrieb *Briefe an einen Toten,* die sie später als Buch herausgab.

◀ Bertha von Suttner um 1910

18
Einsamkeit und Altersprobleme. Erlebnis Amerika

Den Schlag, der Bertha getroffen hatte, konnte sie nie ganz verwinden, ihre frühere Heiterkeit und Lebensfreude nicht zurückgewinnen. Das Dasein bestand für sie von nun an hauptsächlich aus Pflicht. Sie nahm die Friedensarbeit, die sie während Arthurs Krankheit hatte liegenlassen, wieder auf, zog erst einmal in ein Hotel in Wien, um den familiären Verhältnissen zu entfliehen und auch, um nicht jeden Tag sehen zu müssen, wie das Gut unaufhaltsam seinem Ruin entgegentrieb. Arthur hatte diesen mit großer Mühe immer wieder aufgehalten. Doch jetzt war mit ihm »der letzte stützende Balken« verlorengegangen, wie Bertha ins Tagebuch schrieb. Sie meinte, Harmannsdorf und die Suttnerfamilie seien ein »zerstörter, schon lange zerstörter Organismus«.

Der Arbeitsalltag in Wien war erträglich, doch an den Abenden und in den Nächten im Hotelzimmer spürte sie schmerzhaft das Alleinsein. Sie weinte viel. Ihr liebster Besuch war die ehemalige Rivalin Marie Louise, der es nie zuviel wurde, mit ihr über Arthur zu sprechen.

Die ungewohnte Einsamkeit brachte Bertha dazu, das Verhältnis zu einem Mann falsch zu bewerten. Der Arzt und Freund Arthurs in Abbazia, Dr. Nußbaum, von Suttners »Nussi« genannt, versuchte, Bertha in der ersten schweren Zeit beizustehen. Er kam nach Wien. Sie gingen spazieren, hatten lange Gespräche, und Bertha glaubte wohl, daß für sie noch einmal die enge Bindung an einen anderen gleichgestimmten Menschen möglich sei. Später nannte sie das Erlebnis ihre »Sonnenuntergangsepisode«. Dr. Nußbaum sah in Bertha die bewunderte bedeutende Frau, die er in ihrem Schmerz trösten wollte, und die Patientin, der er beistehen mußte. Sie kämpfte gegen ihre Gefühle an, redete sich in ihren Tagebüchern selber zu, die Würde ihres Alters nicht zu vergessen und sich ihrer Stellung stets bewußt zu sein. Doch ihr temperamentvolles Wesen ließ sie diese Vorsätze immer wieder vergessen. Sie schrieb dem Arzt lange Briefe und besuchte ihn in Abbazia. So kam es schließlich dazu, daß Dr. Nußbaum sich deutlich zurückzog. Er antwortete ihr auf einen Brief zurückhaltend, und sie war tief unglücklich über das »so mühsame, einfallslose, kaltherzige Geschreibe«. Ihr Stolz war verletzt, und sie beschloß: »Jetzt ist's aus!« Plötzlich fühlte sie sich alt. Sie hatte alte Frauen nie gemocht. Wenn sie nun in den Spiegel sah, fand sie ihr Gesicht häßlich, sah Falten, schlaffe Haut und trübe Augen. Sie glaubte, ihr berühmtes Charisma verloren, keinen »Magnetismus« mehr zu haben. Doch irrte sie, denn noch viele Jahre lang wurde in der Öffentlickeit ihre große Ausstrahlung gerühmt.

Etwas Selbstbestätigung und Zuversicht gewann sie zurück, als eine bedeutende deutsche Zeitung, *Der Weltspiegel,* durch seine Leser »die berühmteste Frau der Epoche« wählen ließ. Dieser Titel wurde ihr vor der schriftstellernden rumänischen Königin Carmen Sylva, den Schauspielerinnen Sarah Bernhard, Eleonora Duse und der Schriftstellerin Marie von Ebner-Eschenbach zuerkannt.

Erleichtert konnte sie Anfang 1903 für einige Zeit der Wiener und der Harmannsdorfer Welt entfliehen. Der Fürst von Monaco, der ihr freundschaftlich verbunden war, lud sie zur Eröffnung eines »Institut international de la Paix« ein, das unter seinem Patronat in Monaco gegründet worden war. Kriegs- und Rüstungsstatistiken sollten hier aufgestellt, Arbeiten über internationale Rechtsprobleme geleistet und Publikationen über Friedensfragen gesammelt werden. Nach der Eröffnung des Instituts bat der Fürst Bertha, im Felsenschloß eine Weile sein Gast zu sein.

Das Schloß war ein Treffpunkt des Hochadels, der führenden Pazifisten und ausländischer Diplomaten. Der Fürst wünschte, es zu einem »Zentrum des Internationalismus« zu machen. Berechtigterweise glaubte er, Bertha könnte zwischen den einzelnen Gruppen vermitteln, sie war adelig, kannte die bedeutenden Friedensleute und sprach fließend mehrere Sprachen.

Bertha fühlte sich geschmeichelt und stellte fest, daß sie ihre Anziehungskraft durchaus noch nicht verloren hatte. Mit Behagen ließ sie sich verwöhnen, genoß das schöne Appartement mit Kammerzofe, das der Fürst ihr im Schloß zur Verfügung stellte, und daß sie zu jeder Zeit eine Equipage benutzen konnte. Beim Diner saß sie stets rechts vom Fürsten, und man servierte ihr zuerst. Nicht ohne Eitelkeit notierte sie in ihr Tagebuch die Fürstlichkeiten, mit denen sie im Schloß zusammentraf: den Fürsten von Hohenzollern, die Schwester der Königin von Italien, den Prinzen Ferdinand von

Bulgarien, Oskar II., König von Schweden, und den Herzog von Schleswig-Holstein. Es gab ihrem Selbstbewußtsein Auftrieb, daß alle sie schätzten, mit ihr Gespräche suchten, sie fast umwarben, ihren Friedensideen zustimmten. Trotzdem blieb sie Realistin. Ihre langjährige politische Arbeit hatte sie gelehrt, daß die Mächtigen theoretisch gegen Kriege waren, sich ihre Anschauung aber meist änderte, wenn in der Praxis Probleme zwischen den Völkern auftraten. Doch hatte Bertha die Hoffnung noch nicht aufgegeben, daß diese einflußreichen Menschen sich wandeln und eines Tages die Friedensideen in die Praxis umsetzen könnten. Hier sah sie immer wieder ihre Aufgabe. Es war eine interessante und persönlich erfolgreiche Zeit für sie. Nur blieb der Schmerz, daß Arthur das alles nicht mehr mit ihr zusammen erleben konnte.

Drei Wochen lang blieb Bertha in Monaco. Der intelligente, vielseitig interessierte Fürst gefiel ihr. In charmanter Art gab er ihr zu verstehen, daß auch ihm ihre Gegenwart angenehm war. Wieder ließ ihre Sehnsucht nach einer stärkeren Bindung sie wohl mehr erwarten. Im Tagebuch gestand sie, daß sie auf eine Dame etwas eifersüchtig gewesen sei, von der man ihr berichtet habe, daß der Fürst ihr in jeder Beziehung sehr nahestände. Auch bemerkte sie schließlich, der Aufenthalt habe »das Wunderbare« nicht gebracht, aber »immerhin wertvolle Erinnerungen«. Die Freundschaft mit dem Fürsten blieb bestehen. Sie verbrachte später vier Winter hintereinander mehrere Wochen auf dem Schloß und half Fürst Albert, sein Buch *La carrière d'un navigateur,* eine Biographie, die ihn als Pazifisten auswies, ins Deutsche zu übersetzen.

In Harmannsdorf erwartete man sie, doch wollte sie sich nun endlich freimachen von der Familie und einen eigenen Hausstand gründen. Freunde, Graf Heinrich Taaffe und seine Frau, schlugen ihr vor, ihr Schloß in Böhmen als lebenslängliche Residenz zu benutzen. Sie überlegte, ob sie das großherzige Angebot annehmen sollte. Aber dort würde sie in der Einsamkeit leben müssen, und ihr schien, daß sie ihren Schmerz leichter überwinden könnte, wenn sie wieder ganz in das berufliche und gesellschaftliche Leben eintauchte.

Sie mietete in Wien in der Zedlitzgasse 7 eine Wohnung und schuf sich ein Heim, das ganz von Arthurs Geist durchdrungen war. Bertha trieb förmlich einen Kult mit der Erinnerung an ihn. Stets war sein großes Porträt, das auf einer Staffelei stand, von Blumen umgeben.

Um sich ihr Refugium zu erhalten, mußte sie hart arbeiten. Wieviel leichter wäre es für sie gewesen, wenn sie den ihr zustehenden Friedensnobelpreis verliehen bekommen hätte. Aber man überging sie. So blieb ihr nichts anderes übrig, als wieder ein Buch nach dem anderen zu schreiben und auch mit Vorträgen Geld zu verdienen. Natürlich bedeuteten diese ihr weit mehr. Sie wollte die Friedensidee der breiten Öffentlichkeit nahebringen, allen Schichten, vom Adel bis zu den Arbeitern. Eigentlich hielt sie sich für keine gute Rednerin. Trotzdem bestieg sie immer wieder mutig das Vortragspult. Heute, wo Frauen als Rednerinnen längst etwas Gewohntes sind, kann man sich gar nicht mehr vorstellen, was das bedeutete, denn damals galt es fast als schamlos, wenn eine Frau sich so exponierte. Doch wird selbst in den kritischen Presseberichten Bertha kaum nachgesagt, daß sie dabei ihre Würde verlor. Mit psychologischem Einfühlungsvermögen stellte sie sich auf ihr jeweiliges Publikum ein, und so wurde mancher Kritiker vom Saulus zum Paulus.

Ein Berliner Journalist schrieb:»Wenn man diese Frau zum ersten Mal sieht, bereut man sofort heftig, daß man von ihr schon einmal in nicht ganz respektvollen Ausdrücken, wie ›Friedensbertha‹ und ähnlichem, gesprochen hat. Ihre Erscheinung macht einen so vornehmen, man möchte fast sagen: königlichen Eindruck, daß man sich sofort bewußt ist, hier einen Menschen vor sich zu haben, der nicht bloß agitatorisch für etwas kämpft, um von sich reden zu machen, sondern eine Persönlichkeit, die ihr ganzes Sein an ihren Kampf setzt, weil ihr ganzes Herz an diesem Kampf für die Menschheit und Menschlichkeit beteiligt ist.«

Doch gerade in Berlin meinte es die Presse nicht immer so gut mit ihr. An Fried schrieb sie nach der Durchsicht von Besprechungen über ihren Vortrag:»In der Tat, unwürdig ist's, wie in Deutschland von allem Anfang an die edelste Sache der Welt behandelt, wie systematisch in Chauvinismus gearbeitet wird... Ein Blatt stellt mich als ›diamantenfunkelnd‹ hin. Nun aber bin ich ganz schwarz angezogen ohne einen Edelstein... Aufs Lügen, selbst in Details, kommt's den Leuten nicht an...«

Berlin war einer der ganz wenigen Orte, wo ihre Vortragssäle manchmal halb leer waren.

Eindrucksvoll beschreibt die Frau des Autors von Indianerbüchern Karl May Berthas Wirkung bei einem Vortrag:»Was sie sagte, ging mir sehr zu Herzen ... Sie scheint nach Worten zu suchen. Und dann spricht sie leise, ganz leise, und langsam, die einzelnen Wörter durch Pausen voneinander trennend. Niemals bewegt sie die Hand; niemals eine Geste. Wo sie die Rede unterstreichen will, tut sie es durch den Ton, durch ein scharfes Zurückwerfen des Kopfes. Das Ganze erweckt den Eindruck von Hoheit.« Eigentlich sagte Bertha von Suttner in ihren Vorträgen immer das gleiche.

Es waren stets die gleichen, einleuchtenden Ideen:»Macht Schluß mit dem Rüsten, laßt euch nicht immer auf neue Kriege ein, schafft Schiedsgerichte und damit einen dauerhaften Frieden. Dann wird die Welt genesen!« Sie unterstützte ihre Forderungen mit Beispielen aus der Geschichte und der aktuellen Tagespolitik, begründete ihre Emotionen durch Wissen.

Man drängte sich in den Vortragssälen. Oft waren sie so überfüllt, daß zu spät Kommende abgewiesen werden mußten. Die Menschen hörten ihr gebannt zu. Es gab donnernden Applaus, später, auf der Straße, wenn sie den Sitzungssaal verließ, Hochrufe und Jubel. Ab und zu störten Zwischenrufe von Gegnern die Vorträge, einmal hatten Deutsch-Nationale einen Saal besetzt und blockierten damit die Veranstaltung. Aber Bertha wertete das gelassen eher als einen Pluspunkt für die Propaganda.»Ich finde die Sache interessant«, schrieb sie in ihr Tagebuch. Auch die hämischen Spottworte der feindlichen Presse, sie habe sich wie eine»mater dolorosa« gegeben, sei sentimental und hysterisch, ließ sie an sich abgleiten. Sie nahm es als selbstverständlich hin, daß eine Frau, die so stark in der Öffentlichkeit stand und entschieden ihre Meinung aussprach, nicht nur Lob, sondern ebenso Verachtung und Spott erntete.

Der Erfolg ihrer Vorträge gab ihr die Hoffnung, doch etwas für die Friedenssache zu erreichen. So nahm die nicht mehr junge Frau die große Anstrengung und die Unbequemlichkeit auf sich, ständig umherzureisen, die Koffer immer neu zu packen, die Abende in ungemütlichen Hotelzimmern zu verbringen. Dabei hatte sie manche Schwierigkeiten zu überwinden. Sie war nicht sehr ordentlich, verlor Fahrkarten, vergaß Abfahrtstermine. Sicher ist dieses Vagabundieren für sie kein reines Vergnügen gewesen. Sie tat es, um Geld zu verdienen, aber vor allem im Verantwortungsgefühl für die Friedenssache. Sie sprach in den Ländern der Donaumonarchie und reiste in einer großen Tournee durch einunddreißig deutsche Städte. Achtundsechzig Tage lang fuhr sie am Tage von Ort zu Ort und sprach abends in überfüllten Sälen vor Studenten, Arbeitern, Frauenvereinen und Adelsklubs. Immer verstand sie es, ihr Publikum zu packen und aufzurütteln. In den Zwischenzeiten, daheim in Wien, führte sie neben der vielen Arbeit ein reges gesellschaftliches Leben. Das war keine zwingende Notwendigkeit, aber eine innere Unruhe trieb sie. Immer noch verkehrte sie in den Kreisen des Adels und fühlte sich ihm zugehörig. Und doch paßte sie nicht mehr ganz hinein. Sie hatte den gepflegten, diskreten Bereich einer Edeldame verlassen und sich der profanen, manchmal recht rüden Welt gestellt. Bei Gesprächen über die Zeitsituation, die hier fast ausschließlich Männer führten, wagte sie mitzureden, eigene, oft entgegengesetzte Meinungen zu vertreten. Sie zeigte, daß sie vom Leben vieles wußte, wofür sich behütete Damen gar nicht interessieren sollten, daß sie die Ursachen von sozialer Not, Revolutionen und Kriegen kannte. Auch kritisierte sie offen den Adel, meinte, er würde seinen Verpflichtungen nicht mehr gerecht. Sie wirkte bei den harmonischen Festen und angenehmen Diners beunruhigend, konnte das Lachen ersterben, die Heiterkeit verschwinden lassen. Man ärgerte sich oder machte sich über sie lustig. Nur diejenigen, die in der Friedensfrage ihrer Meinung waren, verteidigten sie. Sie genoß schöne Räume und Toiletten, Blumen, Kerzenschein und gutes Essen, doch oft, wenn sie abends heimkehrte, erkannte sie, wie sehr sie Ignoranz und Öde der Gespräche gelangweilt hatten.

Wohler fühlte sie sich bei den Intellektuellentees im Hotel Bristol. Dort durfte sie Dinge sagen, die nicht allen gefielen, aus eingefahrenen gesellschaftlichen Geleisen aussteigen und ein wenig exzentrisch sein. Hier freundete sie sich mit dem geistvollen Regisseur, Kritiker und Dramatiker Hermann Bahr an und mit dem witzigen und charmanten Arzt Arthur Schnitzler, der als Dramatiker und Erzähler der literarische »Doppelgänger Freuds« genannt wurde. Es fiel ihr leichter, diesen aufgeschlossenen Kreis für ihre Ideen zu interessieren. Bei einem »Jour fixe« empfing sie in ihrer Wohnung Freunde und interessante Menschen. Einen richtigen »Salon« zu schaffen wollte ihr nicht gelingen. Als Gastgeberin war sie nicht sehr begabt. Sie hätte sich wohl selber schlecht versorgt, wenn nicht das ihr ganz und gar ergebene Faktotum Kathi sie betreut hätte.

Weihnachten und Ostern verbrachte sie auf Gut Stockern, in einer harmonischen Familienwelt, in der sie sich wohl fühlte.

1904 wagte sie schließlich doch den »Sprung über den großen Teich« und fuhr zum Friedenskongreß nach Boston. Sie war von Amerika tief beeindruckt: »Das Land der unbegrenzten Möglichkeiten... mir scheint es wie das Land der überwundenen Unmöglichkeiten.« Nach dem Kongreß hielt sie in den USA Vorträge, sprach hauptsächlich in den vielen Frauenklubs und versuchte mit Erfolg, neue Mitglieder zu werben. Wieder kam ihr zugute, daß sie in ihrer sonst recht nutzlosen Jungmädchenzeit so gründlich Sprachen gelernt hatte.

Die turbulenten amerikanischen Großstädte faszinierten und beunruhigten sie. Wie eine ruhige Oase kam ihr dagegen Washington mit seinen vielen Parks, schönen Villen und weiß schimmernden öffentlichen Gebäuden vor. Sie hatte dort keinen Vortrag zu halten, wollte aber den Präsidenten besuchen.

Theodore Roosevelt empfing sie am 17. September. Herzlich kam er ihr entgegen und nahm sich Zeit zu einem langen Gespräch. In ihrem Hang zur Aktivität ähnelten sich beide. Roosevelt propagierte ein »rastlos tätiges Leben«. Bertha gefiel sein Weitblick und die Bereitschaft zu Reformen. Auf ihren Appell hin sagte der Präsident: »Ich werde tun, was in meiner Macht liegt, um die Friedenssache zu fördern. Ich verspreche erstens, allen europäischen Staaten Schiedsgerichtsverträge anzutragen – zweitens, eine Vermittlung einzulenken, um dem abscheulichen Russisch-Japanischen Krieg ein Ende zu machen – drittens, die Einberufung der zweiten Haager Konferenz zu veranlassen.« (Für seinen Einsatz zum Abschluß des Russisch-Japanischen Krieges um die Mandschurei und Korea erhielt Roosevelt 1906 den Friedensnobelpreis.) Als Bertha sich verabschiedete, meinte der Präsident: »Der Weltfrieden kommt, weil er kommen muß, aber er kommt nur Schritt für Schritt...«

Meistens fand Bertha die großen Staatsmänner aufgeschlossen für die Friedensidee, und doch mußte sie auch immer wieder erleben, daß die Politiker sich nicht uneingeschränkt nach diesen Bekenntnissen richteten. Der »Druck von unten«, von der Bevölkerung, auf sie mußte verstärkt werden. In diesem Sinne begrüßte Bertha die Friedensaktionen der Frauenvereine und der Sozialdemokraten: »Schon hat sich die organisierte Arbeiterschaft aller Länder auf die Parole Völkerverbrüderung und Weltfrieden geeinigt. Von allen Seiten, in allen Schichten müßte diese Parole verstanden und aufgegriffen werden.«

Doch die Sozialdemokraten distanzierten sich immer mehr von Bertha von Suttner, hielten sie für eine unrealistische Schwärmerin und verargten ihr, daß sie Menschen *aller* Klassen und politischen Ideen zum Kampf für den Frieden aufrief.

19

Endlich:
Der Friedensnobelpreis.
Die Kraft läßt nach

Im Jahre 1905 hatte man sich ihrer endlich erinnert. Auf einer Vortragsreise erreichte sie im Hotel ein Telegramm, das ihr mitteilte, sie werde den Friedensnobelpreis erhalten. Anfang Dezember schrieb sie in ihr Tagebuch:»Morgen also wird sich entscheiden, ob mir (der Preis) ganz oder halb (zufällt). Auch letzteres würde mich vor Altersnot bewahren. Wie kommt's, daß ich mich nicht mehr freue? Diese Jahrestage (Todestag von Arthur) sind eben gar so schrecklich traurig. Und die Überlaufung und Überbürdung, die jetzt auf mich einstürzen wird…« Drei Wochen später hieß es:»Fühle mich trotz Glücksfall (der ungeteilte Preis) eigentlich unglücklich.« Sie war erschöpft, das jahrelange Warten auf den Preis hatte sie ausgebrannt, und Arthur fehlte ihr, um Triumph und Freude mit ihr zu teilen.

Am 18. April 1906 sollte ihr der Friedensnobelpreis in Christiania überreicht werden. Sie fuhr nach Kopenhagen, wo sie mit Mitgliedern des lokalen Friedensvereins Kontakt aufnahm und Journalisten empfing. Wie erwartet, wurde sie mit Terminen überlastet, aber nun, mitten im Trubel, fing sie an, es zu genießen. Mit Humor schilderte sie in ihrem Tagebuch die Pressekonferenzen mit den Dänen. Mancher Reporter lauschte ihren Worten ehrfürchtig, andere wollten lieber selber reden. Der Musikreferent eines großen Journals wollte sie für seine Idee begeistern, der Frieden könne durch regelmäßigen Gesangsunterricht aller Kinder in den Schulen erreicht werden. Amüsiert kommentierte sie:»Offenbar baute er auf das Sprichwort: ›Böse Menschen haben keine Lieder‹ den weiteren Satz auf: ›Singende Völker haben keine Kriege‹.«

Am 17. April kam sie in Christiania an. Sofort wurde sie in einen Wirbel von Empfängen und Interviews hineingezogen. Mit Freude traf sie die Freunde Björnstjerne Björnson und seine Frau wieder. Erinnerungen an ihre letzte Begegnung kamen auf, als Arthur noch an ihrer Seite gewesen war.

Am 18. wurde sie von Björnson in den Saal geführt, der bis zum letzten

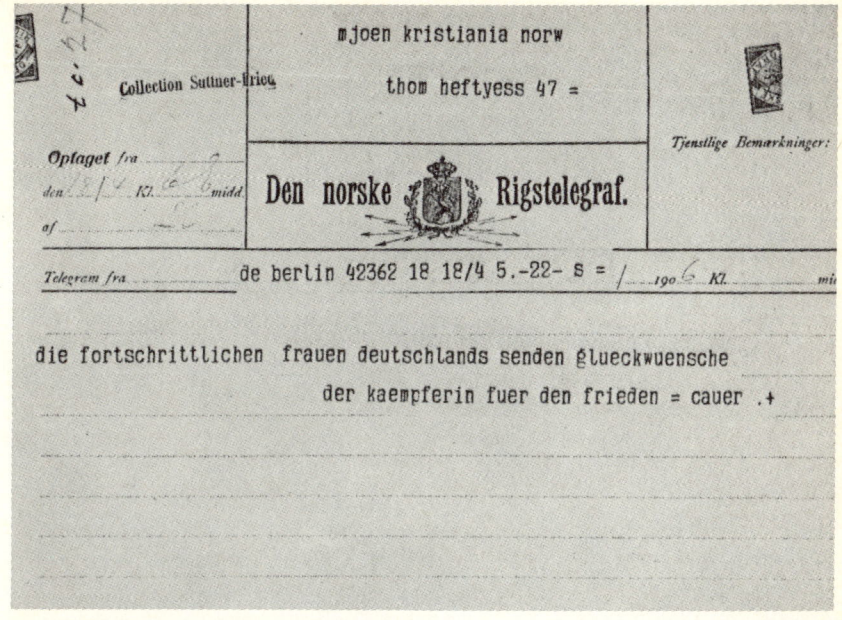

mjoen kristiania norw

thom heftyess 47 =

Optaget fra

den

af

Den norske Rigstelegraf.

Tjenstlige Bemærkninger:

Telegram fra

de berlin 42362 18 18/4 5.-22- s = / 190 Kl.   mi

die fortschrittlichen frauen deutschlands senden glueckwuensche
            der kaempferin fuer den frieden = cauer .+

Gratulationstelegramm zum Nobelpreis

Platz besetzt war. In der Mitte der ersten Reihe saß der König. In seiner Laudatio rühmte Björnson, daß Bertha von Suttner in einem Militärstaat als erste Frau den Ruf »Die Waffen nieder!« gewagt hatte und seit damals unermüdlich für die Sache des Friedens wirke. Nach der Ansprache erhob sich der König und alle anderen mit ihm, um sie zu ehren. Später notierte sie in ihr Tagebuch:»Nun war also der für mich so denkwürdige Augenblick des statutenmäßigen Vortrages gekommen. Es war dies das erste Mal, daß ich in so offizieller Weise, umgeben von den Spitzen der Regierung, im Beisein der Krone über ein Thema sprechen sollte, das bislang aller ernsten Politik entrückt und besonders nicht als hoffähig betrachtet zu werden pflegt.«

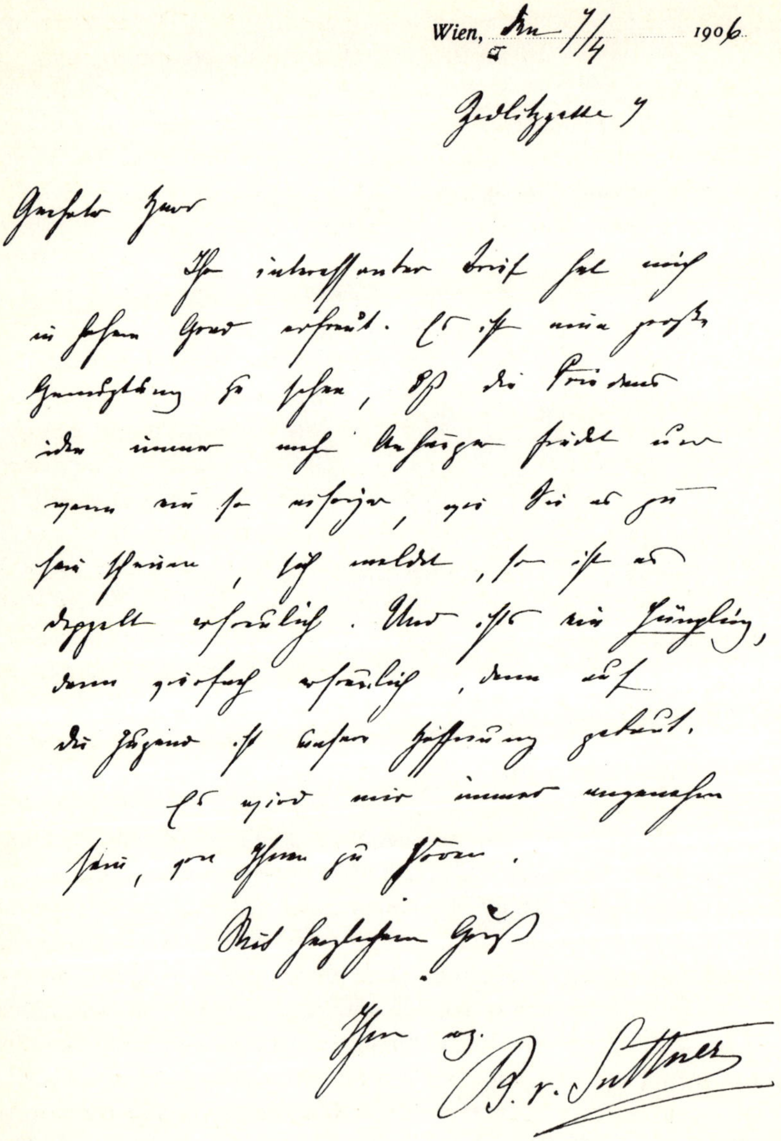

Wien, den 7/4 1906

Zedlitzgasse 7

Geehrter Herr

Ihr interessanter Brief hat mich in hohem Grad erfreut. Es ist eine große Genugtuung zu sehen, daß die Friedens-Idee immer mehr Anhänger findet und wenn man so erfährt, wie Sie es zu bei Ihnen, sich meldet, so ist es doppelt erfreulich. Und ist's ein Jüngling, dann geradezu erfreulich, denn auf die Jugend ist unsere Hoffnung gebaut.

Es wird mir immer angenehm sein, von Ihnen zu hören.

Mit herzlichem Gruß

Ihre erg. B. v. Suttner

Dankesbrief Bertha von Suttners für eine Gratulation

Sie sprach einenhalb Stunden ohne Manuskript über »Die Entwicklung der Friedensbewegung«. Nachdem sie schließlich an alle Regierungen appelliert hatte, »die Zeit herbeizuführen, wo der Schiedsrichter zwischen den Völkern nicht mehr das Schwert sein wird«, applaudierten die Zuhörer begeistert. Es war ein feierlicher und bewegender Moment für Bertha. Sie war voller Dankbarkeit für Alfred Nobel, dessen Bild sie von der Medaille her anblickte, und voll schmerzlicher Sehnsucht nach Arthur.

Nach der Verleihung hatte der Außenminister zu einem Bankett geladen. Hundert Personen saßen an der mit weißen Blumen geschmückten Tafel. Eines der dominierenden Tischgespräche betraf die eben erfolgte Unabhängigkeit Norwegens von Schweden. Die Union war gelöst. Im November 1905 war der dänische Prinz Karl zum norwegischen König gewählt worden und bestieg als Haakon VII. den Thron. Bertha war besorgt, als sie hörte, daß dieses Ereignis die kriegerischen Tendenzen im Lande wieder aufleben ließ. Viele Norweger fürchteten, daß Schweden eines Tages über Norwegen herfallen könnte, um es sich neu einzuverleiben. Man bestand darauf, die alten Festungen stehenzulassen, die laut Vertrag geschleift werden sollten, und man wollte rüsten. Immer wieder zeigte es sich, daß kleine Staaten, die sich aus einer Union befreit hatten, glaubten, ihre Schwäche durch Rüstung schützen zu müssen. Bertha erkannte klar, daß eine Kriegsgefahr am ehesten gebannt wäre, wenn man statt der Zersplitterung in kleine Länder größere Staatenunionen, möglichst ein Vereinigtes Europa, schaffen würde.

Am Tage nach der Verleihung wurde sie vom König empfangen. Der junge, schlanke, gut aussehende Haakon VII. begrüßte sie freundlich und bot ihr einen Sessel an. In der Audienz, die eine Dreiviertelstunde dauerte, unterhielten sie sich angeregt. Der König sprach fließend deutsch. Bertha erzählte von ihren Begegnungen mit Alfred Nobel, und der König bewunderte den großen Schweden und seine Stiftung. Er lobte auch Berthas Rede, bei der ihm besonders angenehm aufgefallen war, daß sie die Gewaltlosigkeit der politischen Umwandlung in Skandinavien gerühmt hatte. Doch als sie für die Schleifung der Grenzfestungen plädierte, erklärte der König, das sei nicht möglich. Im Gegenteil wolle sein Kriegsminister sie wieder aufbauen.

Bertha antwortete: »Majestät, verzeihen Sie mir die Kühnheit, aber als

Zeitung: **Der Tag**

Adresse: **Berlin.**

- 3 JAN 1906

Friede.

Frau Berta hat den Friedenspreis,
Die Welt, des Haders müde,
Wischt aus der Stirn den blut'gen Schweiß,
Und überall ward Friede.

Nun endet auch der schlimmste Streit:
Nach mancher schlimmen Krise
Schloß Philipp Koburg hochgeweiht
Den Frieden mit Luise.

Es ist ihm die Erledigung
Des langen Streits zu danken,
Und sie kriegt als Entschädigung
Fünfhunderttausend Franken.

Sie trägt die Pflicht der Diskretion,
Und hält ihr Wort sie ehrlich,
So kriegt sie bar als Schweigelohn
Noch hunderttausend jährlich.

Luise ist vom Glück berauscht
Ob solcher Alimente. — — —
Im Hornung dieses Jahres tauscht
Man aus die Dokumente.

Gottlieb.

ADOLF SCHUSTERMANN
ZEITUNGSNACHRICHTEN-BUREAU
BERLIN O. 27, BLUMEN-STRASSE 80-81.

Zeitung:

Adresse: 12 DEC. 1905

Datum: 12 DEC. 1905 Hochwacht, Stettin

Deutsches Reich.

Und es kam so. Wir haben recht geahnt: Frau Baronin Berta v. Suttner hat nun wirklich den Friedenspreis der Nobelstiftung erhalten. Im übrigen gestattet sich die Geschichte, weiterzugehen. Und was insbesondere Deutschland betrifft, so hält es das Pulver trocken und das Schwert geschliffen.

An die Friedens-Bertha

Heil, Bertha, dir! Wenn auch vielleicht
Es noch nicht kommt zum ew'gen Frieden,
So hast du Großes doch erreicht:
Der Nobelpreis ward dir beschieden.

Linke Seite und oben: Zeitungsresonanzen auf den Nobelpreis

Empfängerin des Friedenspreises bin ich berechtigt auszurufen: ›Um Gottes Willen – nur nicht wieder Festungen, nur nicht am Rand von Freundesland diese steinerne und eiserne Geste des Mißtrauens und der Drohung!‹ Man denke an die Grenze zwischen der amerikanischen Union und Kanada – an dieser, vielleicht der längsten Scheidungslinie zwischen zwei Ländern der Erde ist nicht nur kein einziges Fort, sondern nicht einmal ein einziger Grenzwächter anzutreffen. Wann wird Europa so weit in der Zivilisation fortgeschritten sein? – Die Nordländer haben den glorreichen Anfang gemacht: – Da wird man doch nicht wieder zurückschreiten?« Beim Abschied versprach ihr der König, für die Friedenssache so viel zu tun, wie in seinen Kräften stand.

Im Anschluß an die Preisverleihung hielt Bertha Vorträge in Norwegen, Schweden und Dänemark.

Ihr Lebensabend war von nun an finanziell gesichert, obgleich sie Harmannsdorf nicht retten konnte. Doch brauchte sie nun nicht mehr krampfhaft Geld zu verdienen, hektisch zu schreiben und jeden Vortrag anzunehmen. Aber sie fand keine innere Ruhe, konnte nicht auf dem Altenteil sitzenbleiben, mußte dabeisein, teilnehmen und Einfluß haben. Leider merkte sie, daß dieser nachließ. Die Stärke, hinter den Kulissen von Kongressen verschiedene Meinungen zu koordinieren und Gegner zu versöhnen, verließ sie jetzt manchmal ihrer inneren Unsicherheit wegen, denn sie meinte wieder, daß ihr »Magnetismus« nachließ.

Sie hatte stets die Fähigkeit besessen, Menschen aller Klassen, von gekrönten Häuptern bis zu Arbeitern, zu überzeugen. Nun glaubte sie zu spüren, daß ihr diese Gabe entglitt. Fast mit Jubel wurde deshalb jedesmal ins Tagebuch notiert, wenn es ihr bei einem Vortrag oder einer Abendgesellschaft wieder einmal gelungen war, Menschen zu faszinieren. Spürte sie dagegen Gleichgültigkeit oder Ablehnung, plante sie, sich zurückzuziehen. Doch immer wieder trieb es sie in die politische oder gesellschaftliche Arena hinaus. Ihre schwankende Haltung brachte sie oft dazu, erst in allerletzter Minute den Entschluß zu fassen, an einer Veranstaltung teilzunehmen, worauf sie überstürzt und hastig dorthin eilte.

Es war nicht nur das Altern, das ihr zu schaffen machte. Schwerer wog, daß die Friedenssache nicht vorankam, ja, daß die pazifistischen Ideen besonders in Deutschland von einer zunehmenden Kriegsfreudigkeit, fast Gier nach einem Kriege, verdrängt wurden. Wie sehr Berthas Pessimismus hier berechtigt war, zeigte die zweite Haager Friedenskonferenz, die auf Veranlassung von Theodore Roosevelt im Juni 1907 begann.

Bei der Eröffnungsveranstaltung empfand Bertha, daß die Reden nur aus tönenden Phrasen bestanden. Und aus den nachfolgenden Sitzungen und Gesprächen erkannte sie: »Allgemein leben zwischen den Völkern die Kriegsideen wieder auf. Die Meinung ist, daß ›der ganze Pazifismus doch nichts nütze‹.«

Ganz offen vertrat mancher die Meinung, daß man bei Kriegen ja auch gut verdiene und daß wirtschaftliche Rivalitäten nicht einfach wegzudiskutieren seien. Bertha versuchte, mit aller Energie gegen diese Rückschritte anzugehen. Sie schüttelte Mutlosigkeit und innere Unsicherheit ab und hielt mehrere Vorträge über einen drohenden Luftkrieg, die Haltung Roosevelts zur Friedensbewegung, die erste Haager Friedenskonferenz und die Stellung der Frauen in der Friedensbewegung. Sie hatte Erfolg, spürte aber

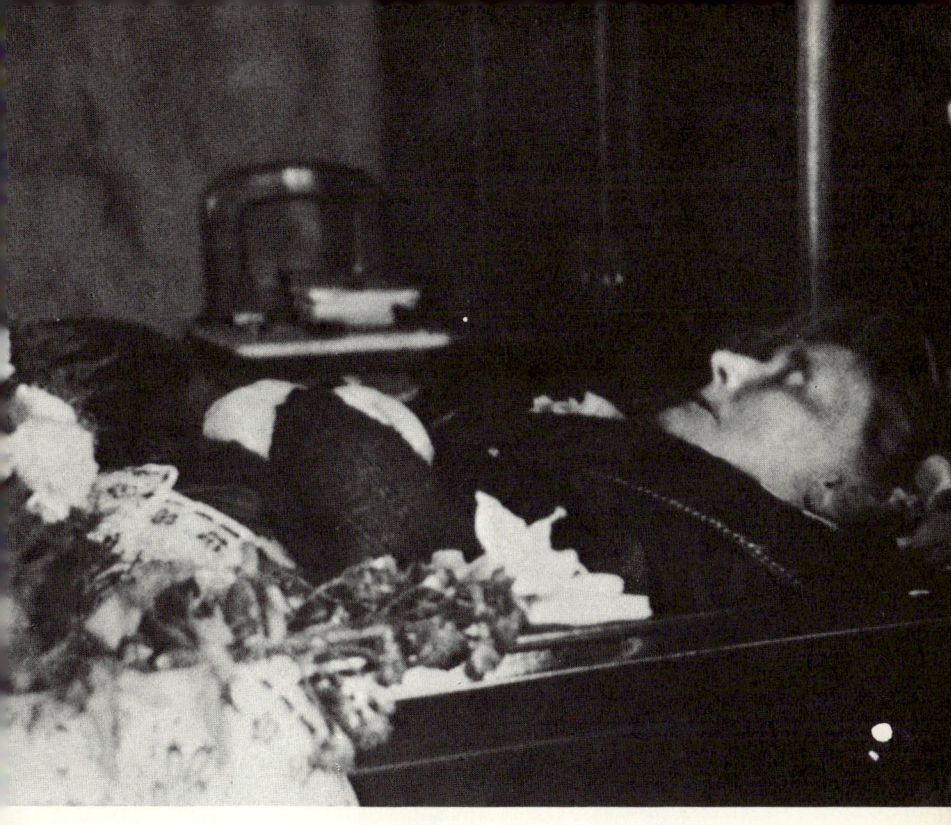

Auf dem Totenbett

Jubel beim Beginn des Ersten Weltkrieges

Verwundete Soldaten nach der Sommeschlacht 1916 auf dem Weg
in die Gefangenschaft

nicht das alte Glücksgefühl darüber. Der aktive Fried drängte sie, wieder für die Presse zu schreiben, wie sie es bei der ersten Haager Konferenz getan hatte. Doch sie wehrte ab, fühlte sich erschöpft und deprimiert. Schmerzlich vermißte sie Arthur: »Sehnsucht nach Meuner erfaßt mich oft. Und nach Rückzug.«

Bei den gesellschaftlichen Veranstaltungen, den Bällen, Diners, Soireen und Gartenfesten, die sie früher so sehr genossen hatte, fühlte sie sich nicht mehr wohl. Die Unterhaltung fand sie oberflächlich, die Toiletten allzu glänzend, Speisen und Tischdekoration zu üppig. »Und alles, um zu befestigen, daß die armen Völker Budgets zahlen und hingeschlachtet werden!« Denn bei den Tischgesprächen redeten die Politiker über eigene Staatsinteressen und verteidigten die zwingende Notwendigkeit, die Rüstungsbudgets zu erhöhen. Früher hatte sie sich mit Feuer, Leidenschaft und Erfolg an solchen Diskussionen beteiligt, jetzt reagierte sie oft, wie sie selber erkannte, »leider zu agitiert und nicht gut«. Aussprüche von Gesprächspartnern, die sie einst ironisch belacht hätte, verletzten sie nun.

Doch erlebte sie auch Anerkennung und Ehrungen. Ein Hochgefühl gab es ihr, als ihr der Minister von Kolumbien die spanische Ausgabe von *Die Waffen nieder!* zum Signieren vorlegte. Immer noch wirkte ihr Buch in aller Welt. Bei einem Ausflug war sie in Rotterdam über die Bevölkerung gerührt, die die Friedensleute enthusiastisch begrüßte. Sie versuchte sich zu freuen, aber es gelang ihr nicht: »Werde mir dabei immer mehr meines... Alleinseins bewußt.«

Auch die Journalisten bemerkten, daß die stille, schwarzgekleidete Frau mit der früheren Bertha von Suttner nichts mehr gemein hatte. Fried versuchte, sie aufzumuntern, doch er war nun selber ein führender Mann in der Friedensbewegung und viel beschäftigt. Auch konnte er nicht verhindern, daß man ihr bei Veranstaltungen nicht mehr bevorzugte Ehrenplätze anbot, sondern sie irgendwo im Hintergrund unterbrachte. Schließlich schrieb sie resigniert in ihr Tagebuch: »Die Welt kann mir nichts mehr bieten; niemand wird mich mehr lieben und niemanden (oh, mein Verlorener!) kann ich mehr lieb haben. Die Friedenssache geht vorwärts, ohne mich vielleicht besser als mit mir. Also wozu die Selbstqual?«

Doch in Wirklichkeit ging es nicht vorwärts. Die Ergebnisse der Konferenz waren enttäuschend. In der Schiedsgerichtsfrage gab es keinerlei Fortschritt. Daß neben einer verbesserten Fassung der Landkriegsordnung und der Anwendung der Genfer Konvention auf den Seekrieg vor allem das Recht der Neutralen im Land- und Seekrieg festgelegt wurde, empfand Bertha wieder als eine Rechtfertigung von Kriegen überhaupt.

Im Jahre 1908 wollte sie zuerst nicht zum Friedenskongreß nach England fahren. Doch Fried redete ihr zu und argumentierte damit, daß niemand aus der österreichischen Gruppe sie vertreten könnte, vor allem nicht bei einem Empfang, den König Eduard VII. den einzelnen Friedensgesellschaften geben wollte. Diese Konferenz in London brachte ihr im Persönlichen großen Auftrieb, weil sie merkte, wie hoch sie hier geehrt wurde. Die Königin erklärte, sie wolle beim Empfang vor allem deshalb dabeisein, um Bertha von Suttner kennenzulernen. Mit neuem Schwung nahm Bertha an allen Veranstaltungen teil, versuchte, wichtige Verbindungen für die Friedenssache anzuknüpfen, und hielt eine Rede in der Queenshall.

Die Tagung der Interparlamentarischen Union in Berlin im selben Jahr brachte Enttäuschungen. Bertha hatte sich darüber gefreut, daß dort eine solche Konferenz stattfand und von den Reichsbehörden wohlwollend geduldet wurde. Mit voller Berechtigung meinte sie, daß ihre eigene zähe Arbeit das mit ermöglicht hatte. Doch wollte man es ihr hier nicht zugestehen. Sie wurde auf dem Kongreß fast mit Mißachtung behandelt, mußte sich bei den Tagungen zusammen mit Zuschauern auf der Galerie drängen und bei Banketten allein einen Platz suchen. Es schmerzte sie tief und schien ihr klarzumachen, daß sie nun endgültig zum »alten Eisen« gehörte.

Alfred Fried versuchte immer wieder, ihr Mut zu machen. Vom begeisterten Schüler Berthas war er zum echten Freund und zum bedeutenden führenden Pazifisten geworden. Sie waren beide leidenschaftliche Naturen, und manchmal gab es Streit. Bertha meinte auch, daß er sie überfordere, aber im Grunde tat ihr sein Glaube an sie wohl. Vor allem drängte er sie zur journalistischen Arbeit, wofür er sie besonders begabt hielt. Aber es fiel ihr nicht mehr so leicht wie früher, und sie hatte oft Schwierigkeiten, versprochene Termine einzuhalten.

Doch sie ließ sich immer wieder zum Schreiben bewegen und setzte sich mit der Tagespolitik auseinander. Als im Oktober 1907 die ersten Versuche mit dem lenkbaren Luftschiff des Grafen Zeppelin glückten und eine Welle der Begeisterung auslösten, schrieb sie:»Betrübend, für die Mentalität der

In einer zeitgenössischen Karikatur
jagt Bertha von Suttner den Friedensengel

Mitwelt beschämend ist es, daß die allgemeinen Betrachtungen, die sich in der Presse an das Zeppelinsche gelungene Experiment knüpfen, fast alle, und zwar in freudigem Ton, auf dessen Verwertbarkeit im Kriege hinwiesen...« Offiziere und Rüstungsstrategen jubelten, welche Stütze es für die kämpfenden Truppen sein würde, wenn ein solcher Zeppelin Sprengstoff über die feindlichen Linien tragen könnte. Bertha meinte hellsichtig, auch die andere Seite würde ihren Sprengstoff in die Luft schicken:»Man denke sich einmal die allgemeine Einführung von Luftflotten, Lufttorpedos, Luftminen... schlafende Vernunft – was braucht es denn noch, um dich zu wekken?« Nein, das waren nicht die Phantasien einer verschwommen denkenden und gefühlsseligen alten Frau, sondern klare Logik und realistische Vorausschau.

Einen ihrer bedeutendsten Artikel schrieb sie 1909. In *Rüstung und Überrüstung* setzte sie sich neu mit der damals wie heute herrschenden Ansicht auseinander, daß den Völkern gar nichts anderes übrigbleibe, als aus Sicherheitsgründen und wegen des ständigen gegenseitigen Mißtrauens weiter aufzurüsten. Der Militarismus brauche»...den drohenden Krieg am Horizont wie ein Stückchen Brot... Gefahren und Schutz sind identisch, es ist so, als wären unsere Feuerwehren zugleich Brandstifter, unsere Gendarmen zugleich Räuber und unsere Ärzte zugleich Giftmischer...«

Klarer als damalige und heutige Strategen sah sie die Gefahr:»Die Notwendigkeit des Weiterrüstens wird immer nur durch Hinweis auf Gegenwärtiges und Vergangenes begründet: auf den jeweiligen Stand der Heeresmacht der anderen und auf die Erfahrung, die ›Lehren‹ des letzten Feldzuges. Niemals wird die Zukunft mit ihren Möglichkeiten in Betracht gezogen. Doch ist ja nur das Vorausdenken das Merkmal nicht nur des wissenschaftlichen Geistes, sondern auch der praktischen Vernunft.«

Bei den Völkern meinte sie die Sehnsucht nach Frieden zu erkennen. Verantwortlich für die drohende Kriegsgefahr machte sie den zum Selbstzweck gewordenen Heeresapparat:»Es liegt im Wesen aller Institutionen, daß sie nach und nach von dem ursprünglichen Zweck, zu dessen Dienst sie eingesetzt worden, unabhängig werden und ihr eigenes Wachstum, ihre eigene Macht, ihre eigene Lebenserhaltung zum höchsten Ziel setzen. An ihrem Fortbestand hängen so viele Existenzen, so viele Interessen... Das Wort ›Gerüstet sein‹ scheint einen Nebenklang von ›Sicherheit‹ zu haben, doch da die internationale Eisenindustrie alle Mächte versorgt mit verbesserten Kriegsmaschinen, wird nur der Krieg immer raffinierter und grausamer. Ein Schildbürgerstreich.«

Diese bedeutenden Artikel ihrer späten Jahre gab Fried nach Berthas Tod unter dem Titel *Der Kampf um die Vermeidung des Weltkrieges, Randglossen aus zwei Jahrzehnten zu den Zeitereignissen vor der Katastrophe* heraus.

Neben den journalistischen Arbeiten begann sie einen neuen Roman zu schreiben – ihren letzten. Es wurde eine quälende Arbeit, denn bald erkannte sie, daß sich im Literarischen allgemein ein neuer Stil durchgesetzt hatte, der ihr nicht gegeben war. In einem Ausspruch übertrug sie das Literarische ins Musikalische: »... bin noch immer Rossini, sollte Richard Strauß sein.« Krampfhaft bemühte sie sich, täglich zwei Seiten handschriftlich auf das Papier zu bringen. Doch immer wieder gab es Stockungen. Die handelnden Personen schienen ihr nicht zu glaubhaften Menschen zu werden, die Grundthemen des Romanes sich bald zu erschöpfen. Kaum eins ihrer Bücher hat ihr so viel Mühe gemacht und so viel Selbstzweifel gebracht. Doch schließlich, 1910, schrieb sie erleichtert das Wort »Ende« unter das Manuskript. *Der Menschheit Hochgedanken* wurde kein großes literarisches Werk, und doch gibt es Stellen darin, die in ihrer Folgerichtigkeit und Prophetie bestürzen.

Die Erzählung handelt von einem reichen Amerikaner, der alle Jahre bedeutende Persönlichkeiten aus Politik und Kunst zu sich nach Luzern einlädt. Sie halten dort Vorträge, die publiziert werden, um damit Kriege zu verhindern. In einem dieser Referate erklärt ein Wissenschaftler, daß »Radiumstrahlenbündel« in ein paar Minuten feindliche Heere vernichten und Städte zerstören könnten. Er sagt: »Achtundvierzig Stunden nach der sogenannten ›Eröffnung der Feindseligkeiten‹ können beide kriegführenden Parteien einander besiegt und im feindlichen Land kein Gebäude und kein Lebewesen zurückgelassen haben.« Solche Ideen wurden damals als phantastisch und hysterisch verspottet, uns erscheinen sie heute von beklemmender Hellsicht. Und fühlen wir uns nicht selber angesprochen, wenn Bertha den Vortragenden in ihrem Roman sagen läßt: »Eurer Wahl und Eurem Willen bleibt es anheimgegeben, die Vernichtung vorzunehmen oder nicht!«?

Kein Verleger wollte ihr das Buch abnehmen. Es ging ihr ähnlich wie mit dem Manuskript von *Die Waffen nieder!* Immer wieder kehrte der Roman mit der Post zu ihr zurück. Angst und Minderwertigkeitsgefühle packten sie:»Ist denn ›Hochgedanken‹ wirklich schlecht? Ich fang schon an, es zu glauben... Viel Schuld ist mein literarisch toter Name!«

Fried versuchte, ihr zu helfen. Er interessierte Freunde, und mit Hilfe von Subventionen erschien der Roman schließlich im Verlag der *Friedenswarte.* Die Kritiken waren nicht schlecht, doch wurde das Buch wenig verkauft.

Im Jahre 1912 fuhr Bertha noch einmal über Paris und London nach Amerika. Anfang Juni schiffte sie sich in Southampton ein. Finanzielle Unterstützung für diese Reise erhielt sie von Emanuel Nobel und der Carnegiestieftung. (Andrew Carnegie, ein amerikanischer Großindustrieller, hatte viele gemeinnützige Einrichtungen gegründet und 1910 zehn Millionen Dollar zur Unterstützung aller Bestrebungen oder Veröffentlichungen, die dem Frieden dienten, gestiftet.)

20

Amerika: Noch einmal gehört und gefeiert. Kriegsstimmung in Europa

In New York wurde Bertha begeistert empfangen. Nun begann für sie eine Tournee, die einem Siegeszug gleichkam. War ihr in Europa immer weniger Aufmerksamkeit zuteil geworden, zeigte man ihr hier, daß ihre Stimme noch gehört wurde. Erstaunt und beglückt stellte sie fest: »Blätter feiern meine Ankunft wie eine Königin...« Dieses Hochgefühl beflügelte sie so, daß sie alle Müdigkeit, alle Rücktrittswünsche vergaß und zu einer Vortragsreise durch die Staaten aufbrach. Die Neunundsechzigjährige nahm es auf sich, etwa 25 000 Meilen zu reisen und in den wichtigen Städten Amerikas, New York, Philadelphia, Washington, Baltimore, Atlanta, Chicago, Milwaukee, Los Angeles, San Francisco, und vielen anderen Orten zu sprechen. Alles war gründlich vorbereitet worden, in der Art des amerikanischen Managements, das damals in Europa noch nicht bekannt war. Monatelang vorher hatten die Zeitungen von Bertha berichtet, Reisetermine und Lesungen waren präzise abgestimmt, Kongresse während Berthas Aufenthalt in den jeweiligen Städten organisiert worden. Eine Reiseleiterin und Sekretärin, Mrs. Andrea Hofer-Proudfoot, begleitete sie, ein »Energiebündel«, das ihr manche Schwierigkeiten aus dem Wege räumte.

Bertha sprach in Sälen, Clubs, Colleges und Kirchen. Manchmal waren die Räume mit Zehntausenden begeisterter Menschen gefüllt. Anfänglich hatte sie ihre Reden sorgfältig im Konzept erarbeitet, später sprach sie meist frei, improvisierte und ging auf die aktuellen Ereignisse und die Interessen der jeweiligen Zuhörer ein. Wieder verstand sie es, genau den richtigen Ton zu treffen, und bediente sich bald einer spezifisch amerikanischen Ausdrucksweise. Voll tiefster Überzeugung sprach sie davon, wie stark die Einstellung und Lebensweise der Amerikaner sie beeindruckte.

Die Tournee dauerte mehrere Monate. Manchmal war Bertha am Rande ihrer Kräfte und hatte Katzenjammer, sehnte sich nach Ruhe und danach, nicht ständig neue Gesichter zu sehen, doch riß sie die Begeisterung ihrer Zuhörer immer wieder mit. Sie spürte, daß man sie verstand, glaubte, daß ihre Idee, eine große Volksbewegung für den Frieden zu schaffen, die Druck auf die Politiker ausübte, in Amerika zu verwirklichen war.

Ihr Erlebnishunger war neu erwacht. Hatte sie in Europa oft das Gefühl gehabt, alt zu sein und sich vom Leben zurückziehen zu müssen, wollte sie hier so viel wie möglich von der »Neuen Welt« erfahren. Sie ging zu Gesellschaften, in Klubs, sprach mit Hausfrauen, Lehrern, Studenten, Geschäftsmännern. Amüsiert sah sie das erste Fußballspiel ihres Lebens und besuchte die Mutter des Zeitungskönigs Hearst auf ihrer Hazienda. Über diese versuchte sie Einfluß auf den Sohn zu gewinnen, damit er sich in seinen Blättern für die Friedenssache einsetzte. Das sollte ihr allerdings nicht gelingen.

Ihre Leistungsfähigkeit war wieder erstaunlich gewachsen. Mit großer Energie schrieb sie neben den vielen Bahnfahrten, Vorträgen, Einladungen und Gesprächen noch Berichte für Zeitungen, zahlreiche Briefe nach Europa und bereitete mit Mrs. Proudfoot eine gekürzte Übersetzung von *Die Waffen nieder!* ins Englische für den Schulgebrauch vor.

Doch plötzlich, Ende des Jahres, überfiel sie tiefe Erschöpfung. Sie hatte Heimweh, fühlte sich »wie auf einem anderen Stern« und ließ sich nicht mehr drängen, noch länger in Amerika zu bleiben. Am 14. Dezember bestieg sie in New York das Schiff nach Europa. »America, good bye«, schrieb sie in ihr Tagebuch. »Ich darf nicht undankbar sein. Die Amerikafahrt hat mir großartige Horizonte gezeigt, viel Huldigung eingebracht und mir angenehmes old age verschafft. Jedenfalls einen Überschuß von zirka 20 000 Kr. . . .«

Andrew Carnegie teilte ihr persönlich in einem Brief mit, daß sie ab Januar 1913 von der Stiftung eine monatliche Pension erhalten sollte.

Endlich war Bertha so weit gesichert, daß sie nicht nur sorglos leben, sondern sich auch etwas großzügigere Wünsche erfüllen konnte: Reisen, elegante Toiletten, vielleicht ein kleines Landhaus, vor allem aber größere Spenden für Friedensaktivitäten, für die sie auch früher schon freigebig gewesen war, oft über ihre Verhältnisse hinaus.

Zu Hause in Wien beschäftigte sie sich in Gedanken noch viel mit ihrer Amerikareise. Die USA schienen ihr in Friedensfragen viel fortschrittlicher zu sein als Europa. Sie hoffte, daß der Funke schließlich doch von dort überspringen würde. Die Liebe beruhte auf Gegenseitigkeit, denn amerikanische Zeitungen erklärten, Bertha sei »the most remarkable figure in the world's peace movement...«

Die Atmosphäre daheim war für sie ernüchternd. Nicht nur, daß Anerkennung und Bestätigung ihr hier fehlten, es wurden auch die Nachrichten aus der Politik immer bedrohlicher. Überall in Europa rüstete man auf, die Russen erweiterten ihre Ostsee- und Schwarzmeerflotte, und auch Australien und Kanada bauten nun eigene Kriegsschiffe. Doch es waren nicht nur militärische Vorbereitungen und Drohgebärden. Neue Kriege fanden statt. Italien eroberte Libyen im Kampf gegen die Türkei, der Balkankrieg begann, in dem Bulgarien, Serbien und Montenegro gegen die Türkei ins Feld zogen und siegten, um sich dann nicht lange danach so zu zerstreiten, daß Serbien und Montenegro zusammen mit Rumänien über Bulgarien herfielen.

Frieden in der Welt schien ferner denn je zu sein. Auch bewegte ein Spionageprozeß Europa. Der österreichische Chef der Spionageabteilung Oberst Redl wurde überführt, an Rußland Listen mit Namen von österreichischen Agenten dort und österreichische Aufmarschpläne verkauft zu haben. Daß schon Kriegspläne gegen Rußland im Detail bestanden, kam dadurch zutage und erschreckte viele Europäer. Stefan Zweig schrieb in seinen Erinnerungen:»Das war das erste Mal, daß ich das Grauen an der Kehle spürte. Zufällig traf ich am nächsten Tag Bertha von Suttner, die großartige und großmütige Kassandra unserer Zeit... Sie kam ganz erregt auf mich zu. ›Die Menschen begreifen nicht, was vorgeht‹, schrie sie laut auf der Straße, so still, so gütig gelassen sie sonst sprach. ›Das war schon der Krieg, und sie haben wieder einmal alles vor uns versteckt und geheimgehalten. Warum tut ihr nichts, ihr jungen Leute? Euch geht es vor allem an! Wehrt euch doch, schließt euch zusammen! Laßt nicht immer alles uns paar alte Frauen tun, auf die niemand hört.‹ Ich erzählte ihr, daß ich nach Paris ginge; vielleicht könnte man wirklich eine gemeinsame Manifestation versuchen. ›Warum nur vielleicht?‹ drängte sie. ›Es steht schlimmer als je, die Maschine ist doch schon im Gang.‹ Ich hatte, selbst beunruhigt, Mühe, sie zu beruhigen. Aber gerade in Frankreich sollte ich durch eine zweite, persönliche Episode erinnert werden, wie prophetisch die alte Frau, die man in Wien wenig ernst nahm, die Zukunft gesehen.« Zweig sah im Kino den Besuch Wilhelms II. beim österreichischen Kaiser. Beim Anblick des deutschen Kaisers fingen die Franzosen voll Haß zu pfeifen und zu johlen an. »Es war nur eine Sekunde gewesen, aber doch eine, die mir zeigte, wie leicht es sein könnte, im Augenblick ernstlicher Krise die Völker hüben und drüben aufzureizen trotz allen Verständigungsversuchen, trotz unseren eigenen Bemühungen.«

Später empfand Zweig ein Schuldgefühl, daß er damals in Wien Bertha gegenüber nur eine »laue, lässige, untätige Sympathie« gespürt und ihre »prophetische Angst« nicht wirklich ernst genommen hatte. In »leidenschaftlicher Monotonie« habe sie im Grunde immer nur das gleiche gesagt: »Du sollst nicht töten.« »Sie hatte vielleicht nur diesen einen Gedanken: ›Die Waffen nieder!‹, aber es ist ihre unvergängliche Größe, daß dieser Gedanke nicht nur der richtige, sondern auch der einzig wichtige unserer Epoche gewesen war.«

Doch in Österreich waren es nicht mehr sehr viele Menschen, die wie Stefan Zweig Bertha gegenüber auch nur »laue Sympathie« empfanden. Die meisten langweilten sich bei ihren ewigen Wiederholungen, meinten, daß sie Geister sähe, betrachteten sie als eine Art weiblichen Don Quichote, gutherzig, aber dumm und monoman. Der Krieg forderte edle Tugenden: Mut, Tapferkeit, Stolz und Leidenschaft, während der Pazifismus Versöhnlichkeit, Nachgiebigkeit und Kompromißfreude verlangte. Wieviel leichter waren besonders junge Menschen von den Kriegsfanfaren zu begeistern, denn Krieg versprach auch Abenteuer, während durch Frieden das Bestehende erhalten bleiben würde.

Bertha von Suttner kümmerte sich wenig darum, daß ihre Gedanken nicht mehr populär waren. Stefan Zweig schrieb: »Sie hatte sich heroisch entschlossen, lieber im Gelächter der Menschen zu leben als in der Trägheit des Herzens.« Tapfer versuchte sie, sich für den österreichischen Friedensverein einzusetzen, obgleich sie mit Bitterkeit erkennen mußte, daß dieser immer mehr zum unbedeutenden »Teekränzchen« wurde, wie Fried sagte. Ihre »schlafende Gruppe« nannte sie die Mitarbeiter, denn die bedeutenderen Leute waren gestorben oder wollten offiziell nicht mehr mitarbeiten. Nach üblicher Vereinspraxis traf man sich ab und zu, organisierte ein paar Vorträge, verschickte Traktätchen und Dankschreiben. Oft wünschte Bertha, die Gruppe abzuschütteln, und konnte sich dann doch wieder nicht von ihr trennen. Auch die österreichische Vertretung bei der Interparlamentarischen Union erschien ihr kaum mehr kompetent zu sein. Berthas Mühen hatten wenige praktische Ergebnisse gebracht, das so hoffnungsvoll Begonnene schien zu versanden; statt der zur Zeit der ersten Haager Konferenz schon greifbar nahen friedlichen Welt drohte der Erde jetzt ein schrecklicher Krieg.

Doch wenige Menschen teilten Berthas Besorgnisse, in ihrer Nähe vor allem Alfred Fried. Er wollte auch nicht zulassen, daß sie resignierte, forderte sie immer wieder energisch auf, zu schreiben, zu publizieren, zu repräsentieren. Sie meinte, er würde über ihr »die Peitsche schwingen«, reagierte manchmal auf seine Briefe gereizt und vermerkte in ihrem Tagebuch: »Fried scheint überhaupt etwas autokratisch, ganz abgedankt habe ich noch nicht.«

Eifersucht auf einen Rivalen sprach daraus, obgleich er nicht daran dachte, sie zu verdrängen. Jedes Mittel war ihm recht, die Friedensidee voranzutreiben, und er kannte Berthas Möglichkeiten. Er schrieb ihr viel, besuchte sie, berichtete ihr, wenn sie an einer Veranstaltung nicht hatte teilnehmen können. Sie konnte mit ihm herzhaft über unerfreuliche Ereignisse und Menschen spotten, was sie früher zum Abreagieren oft mit Arthur getan hatte. Alles, was ihn bewegte, mußte Fried Bertha mitteilen. 1911 notierte sie in ihr Tagebuch: »Wieder Überraschung. F. kommt und stürzt an meine Brust. – Ich glaube, seine Frau ist tot. – Nun, das Unglück meldet er so: ›Ich habe den Nobelpreis!‹«

Im Grunde waren sie sich herzlich zugetan, Menschen gleichen Geistes und Temperamentes. Bertha betrachtete Fried wohl wie einen ungebärdigen, etwas anstrengenden Sohn, auf den sie doch sehr stolz war.

21

Die letzte Lebenszeit

Noch einmal erinnerte man sich ihrer in der Öffentlichkeit an ihrem siebzigsten Geburtstag. Sie bekam viele Briefe von Freunden und Verehrern. Das internationale Friedensbüro in Bern verlieh ihr den Titel einer Ehrenpräsidentin. Vizepräsidentin war sie dort schon lange und hatte bei Besprechungen, Organisationen und der Beschaffung von Geldern mitgewirkt. Nicht selten war bei Unstimmigkeiten ihr Wort das entscheidende gewesen. »Notre Général en Chef« hatte sie Passy einst deshalb genannt.

Ihre häuslichen Verhältnisse waren nun geregelt. Sie hatte keine finanziellen Sorgen mehr und wurde von ihrer Haushälterin Kathi betreut. Gräfin Poetting stand ihr als Freundin und Sekretärin bei Reisen, Vorträgen und der Bewältigung ihrer schriftlichen Arbeiten zur Seite. Und doch fühlte sie sich oft einsam und alt. Freunde starben, und Arthur fehlte ihr immer neu. In bitterer Selbstironie schrieb sie ins Tagebuch: »Beine noch schlechter. ›Realisiere‹, wie die Engländer sagen, ›voll und ganz‹, wie die Deutschen sagen, daß ich, wie die Österreicher sagen ›alte Schachtel‹ bin. Ja, nehme Würde und Bürde der 70 auf. Lange wird's ja nicht dauern.«

Rücktrittssehnsucht und Drang, noch dabeizusein, wechselten ständig. Sie träumte davon, sich irgendwo in Stille und Natur ein Heim zu schaffen, nichts mehr zu tun, auszuruhen, und stürzte sich dann doch wieder in den Trubel der Aktivitäten, publizierte, schrieb Briefe, reiste zu Vorträgen und Kongressen, im Jahre 1913 nach Prag, Dresden, Berlin, Breslau, Kaiserslautern, den Haag und Paris. Das Verantwortungsgefühl, zu warnen und in letzter Sekunde eine Änderung im Denken der Menschen zu erzwingen, erlaubte ihr nicht, die Hände in den Schoß zu legen. An einen Freund schrieb sie: »Wenn ich nicht Schmerz empfände, was wäre dann die Triebkraft meines Handelns? Doch nicht, wie meine Feinde sagen, Eitelkeit? Das glaubst Du sicher nicht. Nein, es ist der Schmerz über das Verharren der Menschen in ihrer Barbarei, was mich durchdringt und was mich zwingt, mein bißchen Tun dem allgemeinen Untun entgegenzustemmen...«

Doch ihre Anstrengungen nützten wenig. Man wollte sie nicht mehr hören und ihren Kassandrarufen von der nahen Katastrophe nicht glauben. Europa sehnte sich nicht mehr nach Frieden, sondern nach Krieg. Typisch für die allgemeine Stimmung ist der Zeitungsbericht über ein Fest des *Alldeutschen Verbandes* in Berlin:

»Die farbenfrohen Balltoiletten, die leuchtenden Dekolletés brachten eine lichte, heitere Tönung in das vornehme Gesellschaftsbild, dem im übrigen das ernste Schwarz eleganter Fräcke seine Signatur verlieh. Zuerst gab es eine kleine Theatervorstellung, ein Bühnenstück, betitelt ›Die Waffen nieder?‹. Es behandelte in ebenso treffender wie witziger Persiflage die leidige Vertrauensseligkeit und Gutmütigkeit des deutschen Michels, der sich zum Schaden unserer politischen Weltmachtstellung nur zu oft vom smarten John Bull, von der charmierenden Marianne oder dem bramarbasierenden Wodkakoff übertölpeln und einseifen ließ. Auch der die Tatkraft und Entschlußfähigkeit Michels so unheilvoll lähmende Einfluß des ›Weltbürgermeisters‹ und seiner Tochter ›Kosmopolinchen‹ – wir finden sie täglich in den Spalten des Berliner Tageblattes lebendig! – wurde mit ebenso kräftigen Seitenhieben bedacht wie das rührselige utopistische Friedensgeschrei der unermüdlichen Bertha von Suttner, die als larmoyante Wirtin des Gasthauses ›Zum Völkerfrieden‹ auftrat. Zum Schluß erwachte das schlummernde Selbstbewußtsein Michels, und in aufflammendem Zorn setzt er die neidischen Widersacher kurzerhand vor die Tür – mit anderen Worten, er wird brutal. Und nachdem sich der stürmische Beifall gelegt, begann der Ball. Die leuchtenden Dekolletés und die ernsten Fräcke drehten sich im Kreise bis in den frühen Morgen hinein.«

Deutschland tanzte auf dem Vulkan, und es dauerte nur noch kurze Zeit, bis nicht nur Michel brutal wurde.

Der deutsche Kriegsminister von Falkenhayn sprach in einer Rede von dem »Dämon des versponnenen Weltbürgertums«. Er lobte die Einstellung der Jungen: »Wenn wir diese Jugend nicht hätten, müßten wir sie schaffen. Gott sei Dank haben wir sie aber, und in ihrer Gesundheit und Frische, in ihrem nationalen Fühlen und Denken, in ihrem Streben nach den Idealen gehört sie zur Armee, wie die Armee zu ihr gehört.«

All das machte Bertha nicht viel Mut, den für Mitte September 1914 geplanten Weltfriedenskongreß in Wien vorzubereiten. Sie meinte, der

»preußische Militärstiefel« würde grob dazwischentapsen. Im Februar fühlte sie sich krank, doch mit großer Selbstdisziplin quälte sie sich vom Sessel, in dem sie lieber den ganzen Tag lang geträumt hätte, bis zum Schreibtisch, um Briefe zu schreiben, Vorträge zu organisieren und Einladungen zu verschicken. Sie selber wollte auf dem Kongreß nicht öffentlich auftreten. Sie fühlte sich zu elend und glaubte, daß sie als so »unmagnetische Person« eher schaden könnte.

Manchmal war sie dicht daran, die Bemühungen um den Kongreß aufzugeben, aber Fried drängte sie zu neuen Aktivitäten, so daß sie sich doch wieder überwand. Er glaubte wohl, sie, wie es früher schon oft geschehen war, durch Aufgaben aus ihren Depressionen herausreißen zu können. Doch ahnte er nicht, wie krank sie war, daß wohl schon Magenkrebs in ihr wütete.

Auch die treue Kathi meinte, ihre Herrin würde Kummer und Lethargie vergessen, wenn sie sich neuen Plänen zuwandte und sich endlich den Wunsch nach einem ländlichen Domizil erfüllte. Bertha überlegte, ob vielleicht ein Wechsel aus der nicht mehr geliebten Umwelt in eine friedliche, naturnahe ihr wirklich Besserung ihres Zustandes bringen könnte, den sie auf Erschöpfung zurückführte. Ihr wurde eine kleine Villa in der Südsteiermark angeboten. Sie war entzückt von den Fotografien. Der Preis schien ihr günstig zu sein. Ohne sich das Haus vorher anzusehen, kaufte sie »die Katze im Sack«. Zwar fragte sie sich gleich darauf, ob sie nicht eine Dummheit gemacht hatte, doch unterdrückte sie den Gedanken, weil ihre Sehnsucht ihr zu schöne Bilder vorgaukelte von einem Leben in Stille, mit Ausruhen, Lesen, Träumen, »Gras riechen. Besonders eigenes Gras wird gut duften und der eigene Kuckuck lieblich rufen.« Welch eine Wohltat wäre es, der Welt den Rücken zu kehren, die ihr so viel Sorgen bereitete: »Blätter ganz voll Rüstung und Krieg!... Was wird das alles werden? In solcher Atmosphäre Friedenskongreß!«

Ihr Arzt, Dr. Gärtner, schlug ihr eine Abmagerungskur vor, weil er meinte, ihre Verdauungsbeschwerden damit beheben zu können. Sie ging zögernd darauf ein, litt aber darunter, nicht einmal eine »Mehlspeise« essen zu dürfen. Ende April hatte sie zwar schon neun Kilo abgenommen, fühlte sich aber immer schlechter und lag manchmal zwölf Stunden lang im Bett, was sie als »Laster« empfand.

20/9 1913

Ich bin Mitglied der „Flamme" und meine
Erklärung, dass ich eingeäschert zu werden wünsche,
ist dort deponiert.

Ich verlange, nach Gotha überführt zu werden.
Urne in der dortigen Urnenhalle.

Verbitte mir jegliche Aufbahrung, Kranzspenden, Einsegnung.

Ich sterbe, wie ich gelebt, als überzeugte Freidenkerin.
Habe nie Glauben geheuchelt und will auch keine Heuchelei
nach dem Tode.

Parte wird nicht zu versenden.

Bertha v. Suttner

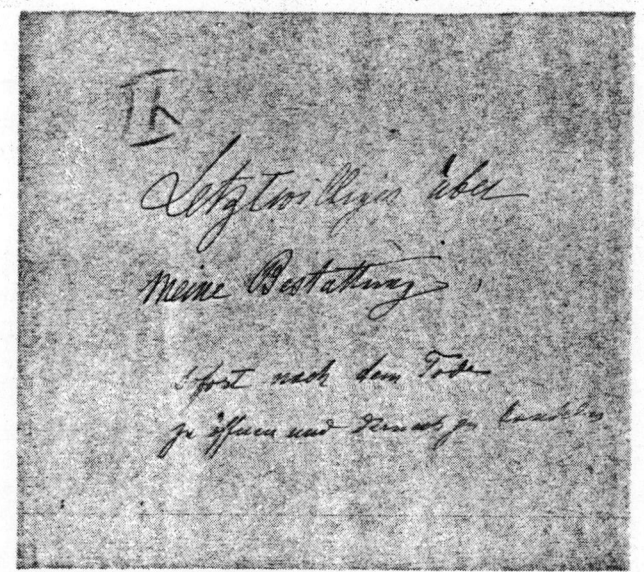

Letzter Wille in bezug auf die eigene Bestattung, 1913

Die Angst vor dem Kongreß wurde zur Panik:»Österreich als Friedenskongreß; Widersinn! Aber was wird nun werden? Keine Finanzierung, kein ordentliches Ehrenkomitee, kein arbeitendes Büro ... Es ist zum Selbstmordgedanken kriegen!« Und über ihre eigene Rolle dabei meinte sie:»Ich flöße kein Vertrauen in meine Führungskraft mehr ein, das spüre ich. Ach Zurückgezogenheit!«

Kathi drängte zur Fahrt in die Steiermark. Sie glaubte fest daran, daß Berthas Lebensmut in Ruhe und Stille wieder erwachen würde. Nachdem Bertha mit äußerster Selbstdisziplin noch einen Vortrag auf einem Frauenkongreß gehalten hatte, ging sie am 23. Mai zusammen mit Kathi auf die Reise. Die lange Fahrt ermüdete sie, doch als sie die Villa endlich sah, war sie zuerst entzückt von der zauberhaften Landschaft und guten Luft. Aber rasch kam die Ernüchterung. Der Verkäufer hatte ihr nichts davon erzählt, daß das Haus abseits von aller Zivilisation lag, daß es dort kaum etwas einzukaufen gab, daß auch das Gärtnerehepaar des Hauses sich wenig heimisch fühlte und wahrscheinlich nicht bleiben würde.

Nachts wälzte sich Bertha schlaflos im Bett, fühlte sich hilflos und sehnte sich nach dem Sterben als dem einzigen Weg zur Ruhe. Am 27. Mai reisten sie wieder ab,»auf Nimmerwiedersehn von meinem Besitz, Villenkoller kuriert!«

Die Bahnfahrt war eine einzige Qual. Magen- und Hüftschmerzen peinigten sie. In Graz hatten sie ein paar Tage in einem Hotel bleiben wollen, doch in der ersten Nacht wurden die Schmerzen so stark, daß Bertha gleich am nächsten Tag, von der besorgten Kathi gestützt, weiterfuhr. Am Pfingstsonntag kamen sie in Wien an. Dr. Gärtner wurde gerufen und verordnete Bettruhe. Ihrer großen Schwäche wegen nahm er keine gründlichere Untersuchung vor.

Die Schmerzen besserten sich nicht, das Essen war ihr zuwider, Schwindelanfälle packten sie, und sie dachte immer wieder ans Sterben. Kathi saß schluchzend an ihrem Bett. Alfred Fried eilte herbei und blieb an ihrer Seite, als der Verfall so rasch zunahm, daß es nun keinen Zweifel mehr gab, daß sie sterben würde. Später berichtete er, Berthas letzte Worte seien gewesen:»Die Waffen nieder! Sag's vielen – vielen!«

Am 21. Juni 1914 schlummerte sie schließlich im Koma ruhig und ohne Todeskampf ein.

In ihrer Schreibtischschublade fand man neben dem Testament eine letztwillige Verfügung, daß sie wie Arthur in Gotha eingeäschert werden wolle. Fünfzehn Freunde nahmen an der Feier teil. Im Urnenhain von Gotha steht auf einer schlanken Säule zwischen grünen Pflanzen Bertha von Suttners Urne, ein würdiges Mal.

22

Visionen
von Krieg und Frieden

Sieben Tage nach Bertha von Suttners Tod wurde Franz Ferdinand, Erzherzog von Österreich, zusammen mit seiner Gattin Sophie von einem serbischen Nationalisten ermordet. Der Funke war ins Pulverfaß gefallen. Der erste Weltkrieg begann. Berthas prophetische Ängste hatten sich erfüllt. Man hatte sie in den letzten Lebensjahren viel verlacht, und doch fürchtete man nach ihrem Tode noch immer ihren Einfluß. Während des Krieges wurden ihre Schriften in Deutschland verboten. Ein Kriegsbegeisterter, der 1914 im Schaufenster einer Buchhandlung *Die Waffen nieder!* entdeckte, strengte eine Klage an wegen »Verletzung patriotischer Gefühle«. Doch gab es immer wieder Menschen, die Berthas Ideen weitertrugen, allen voran Alfred Fried. 1914–18 vertrat er von der Schweiz aus den radikalen Pazifismus und bekämpfte besonders die deutsche Politik. Er starb 1921.

Nach dem Ersten Weltkrieg wurde die Deutsche Friedensgesellschaft durch den Geschichtsforscher und Journalisten Professor Ludwig Quidde und den Herausgeber der *Friedenswarte* Dr. Hans Wehberg vertreten. Der Schock des Krieges hatte die Bemühungen um friedliche Lösungen international verstärkt. Der Völkerbund und der Ständige Gerichtshof im Haag sollten dafür eintreten. Doch der Völkerbund scheiterte an seinen wichtigsten Aufgaben, wie dem Bemühen um Abrüstung und Kriegsverhütung, der Haager Gerichtshof an der Schlichtung politischer Streitfälle.

Die Härte der Pariser Friedensverträge waren das schwerste Hindernis für eine friedliche Entwicklung. 1932 bereitete eine vom Völkerbund eingesetzte Abrüstungskommission eine Konferenz vor, an der einundsechzig Staaten teilnahmen. Deutschland verlangte dort die Gleichberechtigung, die ihm im Dezember 1932 zuerkannt wurde. Der französische Plan einer Übergangsfrist von vier Jahren bis zum Beginn der allgemeinen Abrüstung veranlaßte Deutschland 1933, aus der Konferenz und dem Völkerbund auszutreten. 1935 stellte die Kommission ihre Arbeit ein. Deutschland stand mitten in der Aufrüstung.

Die Nationalsozialisten lösten die Deutsche Friedensgesellschaft auf. Ihr Präsident General P. Freiherr von Schoenaich wurde vorübergehend verhaftet. Pazifisten wurden von nun an verfolgt. Der Schriftsteller und Chefredakteur der *Weltbühne* Carl von Ossietzky wurde 1934 in ein Konzentrationslager gesperrt. 1936 verwehrte man ihm, den Friedensnobelpreis anzunehmen. Er starb in einem Berliner Krankenhaus unter Polizeiaufsicht.

Wie Bertha von Suttner es vorausgesehen hatte, trug der Erste Weltkrieg den Keim des nächsten schon in sich. Schrecklicher waren die Waffen geworden, furchtbarer die Leiden der Menschen. Nach dem Zweiten Weltkrieg wurden die Aufgaben des Völkerbundes, den Frieden nun endlich zu sichern, von den Vereinten Nationen übernommen. Der Haager Gerichtshof wurde erneuert. Doch die Bemühungen, bei politischen Auseinandersetzungen zwischen Völkern zu vermitteln, blieben Stückwerk, die Abrüstungsvorschläge wurden nicht angenommen, die internationale Kontrolle der Atomenergie kam nicht zustande. Die Politiker gerieten in das gleiche Fahrwasser wie früher. Die nationalen Belange stehen vor den internationalen, die Angst voreinander treibt die Völker, zunehmend zu rüsten. Und wieder hören wir nun das Argument, daß ein Gleichgewicht der Kräfte den Frieden am besten garantiere, ein Argument, das durch zwei Kriege ad absurdum geführt wurde.

Bertha von Suttner schrieb: »Das große *gemeinsame* Interesse – die Ruhe und das Leben sämtlicher beteiligter Nationen auf sichere Basis zu stellen – ist noch nicht aufgefaßt. Es fehlt die ›Vision‹ davon. Wir armen Pazifisten, die man ja so gern Visionäre nennt, wir haben sie. Mit dieser Bezeichnung glaubt man etwas Geringschätziges zu sagen, als ob die Fähigkeit, mit den geistigen Augen die Konturen eines zukünftigen Bildes zu sehen, nicht die Grundlage jedes schöpferischen Wirkens wäre – sei der Visionär nun Künstler, Ingenieur oder Politiker.«

Die Waffen sind entsetzlicher geworden, als Bertha von Suttner es sich je vorstellen konnte, die Angst davor wächst. Warum können die Politiker in West und Ost die Vision vom Atomtod, die die Völker allmählich ergreift, nicht teilen? All die einfachen Wahrheiten, die Bertha von Suttner einst aussprach, sind heute aktueller denn je, vor allem die eine, daß uns, um die Welt vor der Vernichtung zu retten, nichts anderes übrigbleibt, als »die Waffen niederzulegen«.

Anhang

Die ewigen Wahrheiten und ewigen Rechte haben stets am Himmel der menschlichen Erkenntnis aufgeleuchtet, aber nur gar langsam wurden sie von da herab geholt, in Formen gegossen, mit Lehm gefüllt, in Taten umgesetzt.

Bertha von Suttner: Die Entwicklung der Friedensbewegung

Vortrag vor dem Nobel-Komitee des Storthing zu Christiania am 18. April 1906

Eine jener Wahrheiten ist die, daß Frieden die Grundlage und das Endziel des Glückes ist, und eines jener Rechte ist das Recht auf das eigene Leben. Der stärkste aller Triebe, der Selbsterhaltungstrieb, ist gleichsam eine Legitimation dieses Rechtes, und seine Anerkennung ist durch ein uraltes Gebot geheiligt, welches heißt:»Du sollst nicht töten«.

Doch wie wenig im gegenwärtigen Stande der menschlichen Kultur jenes Recht respektiert und jenes Gebot befolgt wird, das brauche ich nicht zu sagen. Auf Verleugnung der Friedensmöglichkeit, auf Geringschätzung des Lebens, auf den Zwang zum Töten ist bisher die ganze militärisch organisierte Gesellschaftsordnung aufgebaut.

Und weil es so ist und weil es so war, solange unsere – ach so kurze, was sind ein paar tausend Jahre? – sogenannte Weltgeschichte zurückreicht, glauben manche, glauben die meisten, daß es immer so bleiben müsse. Daß die Welt sich ewig wandelt und entwickelt, ist eine noch gering verbreitete Erkenntnis, denn auch die Entdeckung des Evolutionsgesetzes, unter dessen Herrschaft alles Leben – das geologische wie soziale – steht, gehört einer jungen Periode der Wissenschaftsentwicklung an.

Nein; der Glaube an den ewigen Bestand des Vergangenen und Gegenwärtigen ist ein irrtümlicher Glaube. Das Gewesene und Seiende flieht am Zeitstrome zurück wie die Landschaft des Ufers; und das auf dem Strom getragene, mit der Menschheit befrachtete Schiff treibt unablässig den neuen Gestaden dessen zu, was wird.

Daß das Werdende, das Erzielte immer um einen Grad besser, höher, glücklicher sich gestaltet als das Gewesene, das Überwundene, das ist die Überzeugung derer, die das Entwicklungsgesetz erkannt haben und die an seiner Betätigung mitzuhelfen sich bemühen. Erst durch die Erkenntnis und bewußte Benützung der Naturgesetze und Naturkräfte, sowohl auf physischem wie auf moralischem Gebiete, werden die technischen Erfindungen und die sozialen Einrichtungen geschaffen, welche unser Leben erleichtern, bereichern und veredeln. Ideale nennt man diese Dinge, solange sie noch im Reiche der Idee schweben, als erreichte Fortschritte stehen sie da, sobald sie in eine sichtbare, lebendige und wirkungskräftige Form gebracht worden sind.

»Wenn Sie mich auf dem laufenden halten und ich erfahre, daß die Friedensbewegung den Weg der praktischen Betätigung einzuschlagen beginnt, dann will ich dabei mit pekuniären Mitteln weiterhelfen.«

Dies sind die Worte, die der edle Nordländer, dem ich die Ehre verdanke, vor Ihnen, meine Herren und Frauen, hier zu erscheinen – die Alfred Nobel im Jahre 1892 in Bern an mich richtete, als er dort, wo eben ein Friedenskongreß tagte, mit uns, meinem Mann und mir, zusammentraf.

Daß Alfred Nobel sich allmählich überzeugt hat, daß die Bewegung aus dem Wolkengebiet der frommen Theorien auf dasjenige der erreichbaren und praktisch abgesteckten Ziele übergegangen ist, das hat er durch sein Testament bewiesen. Neben den anderen Dingen, die er als zur Förderung der Kultur dienend erkannt hat, nämlich die Wissenschaft und die idealistische Literatur, hat er auch die Ziele der Friedenskongresse, nämlich Erlangung internationaler Justiz und daraus folgend Herabminderung der Heere, angereiht.

Auch Alfred Nobel war der Ansicht, daß die sozialen Wandlungen sich nur langsam und mitunter auf indirekten Wegen vollziehen. Er hatte für die Nordpolexpedition Andrées 80 000 frs. gespendet. Er schrieb mir darüber, daß dies der Friedenssache mehr nützen könne, als ich glaube.

»Wenn Andrée sein Ziel erreicht, selbst wenn er es nur halb erreicht, so wird dies einer jener Lärm und Gärung verursachenden Erfolge sein, welche die Geister bewegen und das Entstehen und die Aufnahme neuer Ideen und neuer Reformen bewirken.«

Aber auch einen näheren und unmittelbareren Weg sah Nobel vor sich. Ein anderes Mal schrieb er mir:

»Man könnte und sollte bald zu dem Ergebnis gelangen, daß sich alle Staaten solidarisch verpflichten, denjenigen anzugreifen, der zuerst einen anderen angriffe. Das würde den Krieg unmöglich machen und müßte auch die brutalste und unvernünftigste Macht zwingen, sich an das Schiedsgericht zu wenden oder ruhig zu bleiben. Wenn der Dreibund alle, statt drei Staaten umfaßte, so wäre der Friede auf Jahrhunderte gesichert.«

Alfred Nobel hat die großen Fortschritte und die entscheidenden Ereignisse nicht mehr erlebt, durch welche die Friedensidee zu lebendigen Organen, d. h. funktionierenden Institutionen gelangt ist.

Im Jahre 1894 konnte er doch noch erfahren, daß der große englische Staatsmann Gladstone, noch über das Schiedsgerichtsprinzip hinaus, die Einsetzung eines ständigen Völkertribunals vorschlug. Ein Freund des grand old man, Philip Stanhope, hat der interparlamentarischen Konferenz von 1894 diesen Antrag im Namen Gladstones überbracht und erreicht, daß der Plan eines solchen Tribunals an die Regierungen versendet werde. Auch diese Versendung hat Alfred Nobel noch erlebt. Aber die Folgen davon: die Einberufung der Haager Konferenz und die Gründung des dortigen ständigen Schiedsgerichtshofes, die haben sich erst nach seinem Tode vollzogen. Es bleibt ein unberechenbarer Schaden für die Bewegung, daß ihr Männer, wie Alfred Nobel, Moritz v. Egidy und Johann v. Bloch, zu frühzeitig entrissen worden sind! Zwar wirken ihre Werke und Taten noch über das Grab fort, aber wären sie lebendig unter uns, wieviel würde ihr persönlicher Einfluß und ihre wirkende Kraft noch zur Beschleunigung der Bewegung beitragen. Wie tapfer würden sie den Kampf aufgenommen haben, der gerade jetzt von der Seite des Militarismus geführt wird, um das erschütterte alte System aufrecht zu erhalten.

Vergebens: alte Systeme müssen weichen, wenn ein neues einmal begonnen hat, sich zu organisieren. Die Überzeugung von der Möglichkeit, von der Notwendigkeit und von der Segensfülle eines gesicherten juridischen Friedenszustandes zwischen den Völkern ist schon zu sehr in alle Schichten, auch schon in die Machtsphären gedrungen, die Aufgabe ist schon zu klar hingestellt, und zu viele arbeiten schon daran, als daß sie nicht früher oder später erfüllt werden sollte. Heute sind die Staatsoberhäupter schon zahlreiche, die sich zum Ideal der Friedensbewegung bekennen. Vor einigen Jahren war noch kein einziger Minister in ihren Reihen. Der erste an der Macht befindliche Staatsmann, von dem ich mich erinnere, daß er offiziell einer interparlamentarischen Konferenz seine Zustimmung mitteilen ließ, war der norwegische Ministerpräsident Steen. John Lund war es, der diese Botschaft – die damals Aufsehen erregte – der im Jahre 1891 in Rom tagenden interparlamentarischen Konferenz überbrachte. Die norwegische Regierung war auch die erste, die den Mitgliedern der interparlamentarischen Union Reisespesen und dem Berner Friedensbüro eine Subvention bewilligte. Alfred Nobel wußte wohl, warum er die Verwaltung seines Friedenslegates gerade dem Storthing anvertraut hat.

Sehen wir uns doch ein wenig in der Welt um, ob die Ereignisse und Aspekte wirklich dazu berechtigen, von den positiven Ergebnissen des Pazifismus und von seiner fortschreitenden Entwicklung zu reden. Ein furchtbarer Krieg, wie ihn die Weltgeschichte noch nicht gesehen, hat eben im Fernen Osten gewütet; eine noch furchtbarere Revolution knüpft sich daran, die das riesige russische Reich durchschüttert und deren Ende gar nicht abzusehen ist. Nichts als Brände, Raube, Bomben, Hinrichtungen, überfüllte Gefängnisse, Peitschungen und Massaker, kurz eine Orgie des Dämons Gewalt; im mittleren und westlichen Europa indessen kaum überstandene Kriegsgefahr, Mißtrauen, Drohungen, Säbelgerassel, Pressehetzen; fieberhaftes Flottenbauen und Rüsten überall; in England, Deutschland und Frankreich erscheinen Romane, in welchen der Zukunftsüberfall des Nachbars als ganz selbstverständlich Bevorstehendes geschildert wird mit der Absicht, dadurch zu noch heftigerem Rüsten anzuspornen; Festungen werden gebaut; Unterseeboote fabriziert, ganze Strecken unterminiert, kriegstüchtige Luftschiffe probiert, mit einem Eifer, als wäre das demnächstige Losschlagen die sicherste und wichtigste Angelegenheit der Staaten, und sogar die zweite Haager Konferenz wird mit einem Programm versehen, das sie zu einer Kriegskonferenz stempelt, und da wollen die Leute behaupten, die Friedensbewegung mache Fortschritte?...

Man muß eben nicht nur das Auffallende betrachten, das breit an der Oberfläche waltet, man muß auch das zu sehen verstehen, was aus dem Boden hervorsprießt; man muß verstehen, daß zwei Weltanschauungen und zwei Zivilisationsepochen jetzt miteinander ringen, und da wird man gewahr, daß mitten unter dem krachenden, drohenden Alten das verheißende Neue sich emporringt, gar nicht mehr vereinzelt, gar nicht mehr schwach und formlos, sondern schon viel verbreitet und lebenskräftig. Ganz unabhängig von der eigentlichen Friedensbewegung, die ja selber mehr ein Symptom als die Ursache der sich vollziehenden Wandlung ist, geht ein Prozeß der Internationalisierung, der Solidarisierung der Welt vor sich. Dazu wirken mit: die technischen Erfindungen, der gesteigerte Verkehr, die sich verzweigenden und international durchdringenden Interessengemeinschaften, die gegenseitige wirtschaftliche Abhängigkeit, und halb unbewußt – wie Triebe schon sind – waltet da der Selbsterhaltungstrieb der menschlichen Gesellschaft, die ja auf dem Wege der ewig gesteigerten Vernichtungsmethode ihrer Zerstörung entgegenginge und sich instinktiv dagegen aufbäumt.

Neben diesen unbewußten Faktoren, die eine Ära der Kriegslosigkeit vorbereiten, gibt es die vollkommen Zielbewußten, welche den ganzen Aktionsplan schon in deutlichen Umrissen vor sich sehen, welche die Methode kennen und anzuwenden beginnen, durch die das vorgesteckte Ziel sobald als möglich erreicht werden kann. Der gegenwärtige englische Premier Campbell-Bannermann wirft von neuem die Abrüstungsfrage auf. Der französische Senator d'Estournelles will die französisch-deutsche Entente in die Wege leiten. Ein Jaurès fordert die Sozialisten aller Länder zum einmütigen Widerstande gegen den Krieg auf. Ein russischer Gelehrter (Novikow) verlangt den Siebenbund der konföderierten Großstaaten der Erde; ein Roosevelt bietet sämtlichen Staaten Schiedsgerichtsverträge an und spricht in seiner Botschaft folgende Worte:

»Es sei die Pflicht seiner Regierung, auf jede nur mögliche Weise die Zeit näher zu bringen, wo das Schwert nicht mehr Schiedsrichter zwischen den Völkern wäre.«

Bei Amerika möchte ich etwas verweilen. Das Land der unbeschränkten Möglichkeiten zeichnet sich dadurch aus, daß es die größten und neuesten Pläne mit kühnem Geiste entwirft und zu deren Ausführungen die einfachsten und kürzesten Mittel aufzufinden versteht. Mit anderen Worten: ideal im Denken, praktisch im Tun.

Die moderne Friedensbewegung wird – das steht uns in Aussicht – von Amerika aus einen kräftigen Anstoß und eine klare Formel der Verwirklichung finden. In den eben zitierten Worten des Präsidenten liegt die volle Erfassung der Aufgabe und in den nachfolgenden Sätzen, die einer gegenwärtig in Amerika betriebenen Friedenskampagne als Programm dienen, ist die Methdoe deutlich vorgezeichnet.

1. Schiedsgerichtsverträge.
2. Eine Friedensunion zwischen den Staaten.
3. Eine internationale Institution, kraft deren das Recht zwischen den Völkern ausgeübt werden könnte, wie es zwischen unseren Staaten (Nordamerika) ausgeübt wird und dadurch die Abschaffung der Notwendigkeit, zum Kriege Zuflucht zu nehmen.

Als mich Roosevelt am 17. Oktober 1904 im Weißen Hause empfing, sagte er zu mir:»Der Weltfriede kommt, er kommt gewiß, aber nur Schritt für Schritt.«
Und so ist es auch. So deutlich erkannt, so scheinbar naheliegend und leicht erreichbar ein Ziel auch winkt, der Weg dahin kann nur Schritt für Schritt zurückgelegt, und unzählige Hindernisse müssen dabei überwunden werden.

Und hier handelt es sich noch dazu um ein Ziel, das von vielen Millionen noch gar nicht gesehen wird, von dem unzählige Menschen entweder nichts wissen, oder das sie als eine Utopie betrachten. Mächtige Interessen sind auch damit verbunden, daß es nicht erreicht werde, daß alles beim alten bleibe. Und die Anhänger des Alten, des Bestehenden, haben einen gar mächtigen Bundesgenossen an dem Naturgesetz der Trägheit, an dem Beharrungsvermögen, das allen Dingen innewohnt gleichsam als Schutz gegen die Gefahr des Vergehens. Es ist also kein leichter Kampf, der noch vor dem Pazifismus liegt. Von allen Kämpfen und Fragen, die unsere so bewegte Zeit erfüllen, ist die Frage, ob Gewaltzustand oder Rechtszustand zwischen den Staaten, wohl die wichtigste und folgenschwerste. Denn ebenso unausdenkbar wie die glücklichen segensreichen Folgen eines gesicherten Weltfriedens, ebenso undausdenkbar furchtbar wären die Folgen des immer noch drohenden, von manchen Verblendeten herbeigewünschten Weltkrieges. Die Vertreter des Pazifismus sind sich wohl der Geringfügigkeit ihres persönlichen Machteinflusses bewußt, sie wissen, wie schwach sie noch an Zahl und Ansehen sind, aber wenn sie bescheiden von sich selber denken, von der Sache, der sie dienen, denken sie nicht bescheiden. Sie betrachten sie als die größte, der überhaupt gedient werden kann. Von ihrer Lösung hängt es ab, ob unser Europa noch der Schauplatz von Ruin und Zusammenbruch werden, oder ob und wie in Verhütung dieser Gefahr noch früher die Ära des gesicherten Rechtsfriedens eingeführt werden soll, in der die Zivilisation zu ungeahnter Blüte sich entfalten wird. Das ist die Frage, die mit ihren vielseitigen Aspekten das Programm der zweiten Haager Konferenz füllen sollte, statt den vorgeschlagenen Erörterungen über die Gesetze und Gebräuche des Seekrieges, Beschießung von Häfen, Städten und Dörfern, Legung von Minen usw. Durch dieses Programm zeigt sich, wie die Anhänger der herrschenden Kriegsordnung diese letztere sogar noch auf dem eigensten Terrain der Friedensbewegung zwar modifizieren, aber aufrecht erhalten wollen. Die Anhänger des Pazifismus jedoch, innerhalb und außerhalb der Konferenz, werden zur Stelle sein, um ihr Ziel zu verteidigen und sich ihm wieder einen Schritt zu nähern. Das Ziel nämlich, welches, um Roosevelts Worte zu wiederholen, die Pflicht seiner Regierung, die Pflicht aller Regierungen darstellt: »Die Zeit herbeizuführen, wo der Schiedsrichter zwischen den Völkern nicht mehr das Schwert sein wird.«

Literaturverzeichnis

Beatrix Kempf, Bertha von Suttner, das Leben einer großen Frau. Österreichischer Bundesverlag, Wien 1946

Ellen Key, Florence Nightingale und Bertha von Suttner. Max Rascher Verlag, Zürich 1919

Ilse Reicke, Bertha von Suttner, Ein Lebensbild, Ludwig Röhrscheid Verlag, Bonn 1952

Randglossen zur Zeitgeschichte. Herausgeber H. Fried, Zürich 1914

Bertha von Suttner, Gesammelte Schriften. E. Pierson Verlag, Dresden 1906

Bertha von Suttner, Die Waffen nieder! Knaurs Taschenbuch, München 1983

Bertha von Suttner, Memoiren. Carl Schünemann Verlag, Bremen 1965

Bertha von Suttner, Rüstung und Überrüstung. Berlin 1909

Bertha von Suttner, Kämpferin für den Frieden. Herausgeberin Gisela Brinker-Gabler, Fischer Taschenbuch Frankfurt 1982

Bertha von Suttner und Karl May. Jahrbuch der Karl May-Gesellschaft, Hansa Verlag, Hamburg 1971

Bertha von Suttner, Ausstellungskatalog der Bertha von Suttner-Schule, Berlin, zum fünfundsiebzigjährigen Bestehen, 1983

Stefan Zweig, Begegnungen mit Menschen, Büchern, Städten. S. Fischer Verlag, Wien–Leipzig–Zürich 1937

Stefan Zweig, »Die Welt von gestern«. S. Fischer Verlag, AB Stockholm 1944

Lebensdaten

1843   Bertha Sophia Felicita Gräfin von Kinsky von Chinic und Tettau wird am 9. Juni in Prag geboren.

1862   Bertha wird in Wien in »die Gesellschaft« eingeführt, danach wechselnde Aufenthalte in Baden bei Wien, Rom, Venedig, Bad Homburg, wo sie die Fürstin von Mingrelien kennenlernt.

1865   Bertha entschließt sich, Sängerin zu werden.

1867–68   Aufenthalt in Paris, Gesangstudium, später auch in Mailand.

1872   In Wiesbaden Verlobung mit dem Prinzen Adolf Sayn-Wittgenstein-Hohenstein, der kurz darauf stirbt.

1873   Anstellung als Erzieherin der Töchter des Barons von Suttner in Wien. Sie lernt Arthur Gundaccar von Suttner kennen.

1876   Wegen ihrer starken Zuneigung zu Arthur Gundaccar muß Bertha das Haus Suttner verlassen und nimmt einen Posten als Sekretärin und Hausdame bei Alfred Nobel in Paris an. Zwei Wochen später kehrt sie nach Wien zurück und heiratet am 12. Juni Arthur Gundaccar.

Flucht in den Kaukasus. Das Ehepaar lebt dort neun Jahre. Beide beginnen zu schreiben.

1885   Rückkehr nach Österreich. Wohnung in Harmannsdorf auf dem Familienschloß der Suttners.

Im Oktober Besuch des Schriftstellerkongresses in Berlin.

1886–87   Aufenthalt in Paris.

1889   Veröffentlichung der Schriften »Das Maschinenzeitalter« und »Die Waffen nieder!«

1890–91   Aufenthalt in Venedig. Die Italienische Friedensgesellschaft wird gegründet.

1891   Gründung der Österreichischen Friedensgesellschaft durch Bertha von Suttner.

3. Weltfriedenskongreß in Rom.

Gründung des »Vereins zur Abwehr des Antisemitismus« durch Arthur Gundaccar von Suttner.

1892   4. Weltfriedenskongreß in Bern. Besuch bei Alfred Nobel in Zürich. Alfred H. Fried und Bertha von Suttner gründen die deutsche Friedensgesellschaft in Berlin.

Herausgabe der Zeitschrift »Die Waffen nieder!«

1894   Friedenskongreß in Antwerpen und Interparlamentarische Konferenz im Haag.

1895   Reisen mit Vorträgen nach Prag, Budapest, Italien.

1896   Friedenskongreß und Interparlamentarische Konferenz in Budapest.

Tod Alfred Nobels. Testament für Nobelpreise.

1898   Manifest des Zaren.

Tod des alten Baron von Suttner.

1899   Haager Friedenskonferenz.

Interparlamentarische Konferenz in Norwegen.

1900   Friedenskongreß in Paris.

1901   Silberne Hochzeit.

Am 10. Dezember erste Verleihung der Nobelpreise.

1902   Friedenskongreß in Monaco. Bertha nimmt wegen einer Erkrankung von Arthur alleine teil.

Gemeinsame Reise nach Böhmen.

Arthur Gundaccar von Suttner stirbt am 10. Dezember.

1903   Eröffnung des »Instituts international de la Paix« in Monaco.

Reise nach Amerika zum Bostoner Weltfriedenskongreß.

1904   Gast beim Fürsten von Monaco.

Vortragsreise durch die Staaten. Empfang beim amerikanischen Präsidenten Theodore Roosevelt in Washington.

1905   Vortragstournee durch 28 deutsche Städte. Monaco.

1906   Verleihung des Friedensnobelpreises an Bertha von Suttner.

Reise durch Norwegen, Schweden und Dänemark. Monaco.

1907   Zweite Haager Friedenskonferenz. Monaco.

1912   Große Vortragsreise durch Amerika.

1913   Vortragsreisen in Deutschland, Holland, Frankreich.

1914   Vorbereitungen zum Weltfriedenskongreß in Wien.

Trotz Krankheit Erwerb einer Villa in der Steiermark.

Bertha von Suttner stirbt am 21. Juni.

Personenregister

Bildnachweis

Archiv für Kunst und Geschichte, Berlin: Seite 18 oben, 36, 37, 55 unten, 96, 118, 130, 138, 176 oben.
Professor Dr. Eberhard Kleberger, Berlin: Seite 116 oben.
Verlag Droemer-Knaur, München: Seite 57
Die übrigen Bilder wurden freundlicherweise von der Bertha-von-Suttner-Oberschule, Berlin, zur Verfügung gestellt bzw. dem Archiv des Verlages entnommen.

Inhalt

Biographien

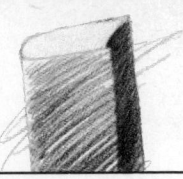